# 우리 옷에 숨은 비밀

역사와 문화가 보이는 사회 교과서 ❶ 우리 옷에 숨은 비밀

초판 1쇄 인쇄 · 2008년 3월 25일 | 2판 1쇄 발행 · 2016년 7월 1일
글쓴이 · 서지원 | 그린이 · 강미영
펴낸이 · 박혜숙 | 펴낸곳 · 미래M&B
책임편집 · 최성효 | 편집 · 양승순, 서진원, 문아라
디자인 · 춤추는코끼리 | 사진 · 시몽포토
총괄상무 · 이도영 | 기획 · 김민지 | 영업관리 · 장동환, 김대성, 김하연
등록 · 1993년 1월 8일(제10-772호)
주소 · 서울시 마포구 동교로 134(서교동 464-41) 미진빌딩 2층
전화 · 02-562-1800 | 팩스 · 02-562-1885
전자우편 · mirae@miraemnb.com | 홈페이지 · www.miraei.com
트위터 · @miraeibooks | 네이버 카페 · cafe.naver.com/miraeibooks
ISBN 978-89-8394-797-0 73380 | 값 10,500원

글 ⓒ 서지원 2008 · 그림 ⓒ 강미영 2008

* 본문 중 일부 내용이 변경되었습니다.
* 잘못 만들어진 책은 구입처에서 바꾸어 드립니다.
* 이 책은 저작권법에 따라 한국 내에서 보호받는 저작물이므로 무단 전재와 무단 복제를 금합니다.

아이의 미래를 여는 힘, 미래ⅰ아이는
미래M&B가 만든 유아·아동 도서 브랜드입니다.

역사와 문화가 보이는 **사회 교과서 ❶**

# 우리 옷에 숨은 비밀

서지원 글 · 강미영 그림

미래 i 아이

## 차 례

작가의 말 06
시간 열차 여행 일정표 08

## 시간을 달리는 열차 10

## 시간 여행법 제 12조 13
의식주와 전통문화란 무엇일까?

## 석기 시대로 가는 보험 사원 21
구석기와 신석기 시대에는 어떤 옷을 입었을까?

## 호랑이 사냥을 하는 고구려 무사 31
삼국 시대에는 어떤 옷을 입었을까?

## 시끌벅적 고려의 개경 시장 36
상점 주인이 들려주는 고려의 옷 이야기

## 신비한 귀족 여인의 미소 42
진경 아씨가 들려주는 몽고풍 이야기

### 붓두껍에 숨은 비밀 58
문익점이 들려주는 목화와 무명 이야기

### 장길산의 줄타기 춤 85
신분에 따라 다른 옷을 입는 조선 시대

### 아름다운 기생 황진이 106
양반보다 화려했던 기녀들의 옷 이야기

### 미인의 조건은 열두 폭 치마 112
황진이가 들려주는 조선 시대의 옷과 화장품 이야기

### 엄마 냄새가 나는 슬픈 여인 129
허난설헌이 들려주는 길쌈 이야기

### 미래와 바꾼 열차 승차권 146
황진이가 가르쳐 준 바느질과 빨래 이야기

부록 157
찾아보기 164

## 색동저고리가 쓴 편지

그동안 너무 슬펐어. 네가 날 잊은 것 같아서.

정말 날 잊은 거야? 우리 만난 지 벌써 십 년이 지났잖아.

십 년 전, 너의 첫돌 잔칫날이었지. 커다란 시루떡 앞에서, 넌 알록달록 고운 빛깔의 나를 입고 있었잖아.

아! 이제 기억난다고? 사진에서 본 적이 있지?

그래, 맞아! 난 너의 색동저고리야! 너의 복스런 얼굴과 잘 어울렸었지.

그때만 떠올리면 아직도 가슴이 뛰어. 너도 내가 맘에 들었는지 조막만 한 손으로 계속 만지작거렸잖아. 우린 그때 정말 환상이었어!

그런데 이게 뭐야! 십 년 동안이나 날 처박아 두다니! 이 안이 얼마나 어둡고 답답한지 알아? 좀벌레들이 날 갉아먹기도 한다고!

"색동저고리야, 왜 그렇게 슬피 우니?"

내가 슬퍼하자 옆에 있던 할머니의 낡은 두루마기가 물었어.

"저는 한복으로 태어난 게 너무 슬퍼요. 이제 쓸모가 없으니까요."

"넌 아주 특별한 옷이야. 우리나라의 자연을 닮았잖아. 아이들이 뛰어노는 흙, 따뜻하게 내리쬐는 햇볕, 푸른 산과 맑은 물이 흐르는 강, 저녁이면 물드는 노을이 바로 색동저고리 색깔이란다."

"그게 무슨 소용이에요? 아무도 입지 않는걸. 요즘은 편한 옷만 찾잖아요. 이러다 우리는 영영 사라지는 건가요?"

"아니야. 사람들은 여전히 태어날 때에도, 죽은 후에도 한복을 입어. 아기의 배냇저고리도, 죽은 사람의 수의도 한복이야. 아주 기쁜 날과 몹시 슬픈 날에도 한복을 입고 말이야. 돌 잔칫날, 설날 같은 명절날, 결혼식, 환갑, 장례식……."

"아! 우리나라 사람들은 특별한 날만큼은 꼭 한복을 입는군요!"

"그래! 한복은 우리나라 사람들의 기억 속에 깊이 남아 있으니까. 오천 년 동안 한복은 우리 겨레를 보호하고, 아름답게 꾸며 준 옷이잖아. 한복에는 우리 조상이 살아온 삶의 모습과 역사가 고스란히 녹아 있단다. 그러니까 한복은 단순히 옷이 아니라 우리나라 사람들이 반드시 지키고 알아야 할 소중한 우리 문화인 거야."

이러한 할머니의 두루마기의 말을 들으니 조금은 어깨에 힘이 실리는구나. 네가 다시 날 찾아 줄 때까지 고운 빛 간직하며 기다릴게.

일산 정발산의 저녁노을을 보며
서지원

# 시간열차여행 일정표

**구석기·신석기 시대**

| 장소 | 시간 여행 내용 | 핵심 내용 |
|---|---|---|
| 세종로 사거리 | · 출발! 시간 열차<br>· 옛 도읍지 알아보기 | · 옛 도읍지의 문화재는 어떤 것이 있을까? |
| 시간 열차 안 | · 의식주에 대해 토론하기<br>· 전통문화에 대해 이해하기 | · 의식주란 무엇일까? |
| 복장 대여소 | · 구석기와 신석기 시대의 옷 입어 보기 | · 구석기 시대엔 어떤 옷을 입었을까?<br>· 신석기 시대 사람들은 어떻게 옷감을 만들었을까? |

**고구려 시대**

| 장소 | 시간 여행 내용 | 핵심 내용 |
|---|---|---|
| 고구려 평양 | · 삼국 시대 사람들의 옷 관찰하기 | · 벽화와 유물로 본 고구려 사람들은 어떤 모습일까? |

**고려 시대**

| 장소 | 시간 여행 내용 | 핵심 내용 |
|---|---|---|
| 고려 개경의 시장 | · 고려 시대 사람들의 옷감 알아보기 | · 삼베, 모시, 명주는 어떤 옷감일까? |
| 고려 개경 문익점의 집 | · 고려 시대의 옷 살펴보기<br>· 고려 사람들에게 좋은 냄새가 나는 까닭 알아보기<br>· 고려 사람들처럼 목욕해 보기 | · 고려는 왜 원나라의 영향을 받았을까?<br>· 몽고풍은 어떤 문화일까?<br>· 공민왕은 왜 몽고풍을 없애 버리려고 했을까? |

| 장소 | 시간 여행 내용 | 핵심 내용 |
|---|---|---|
| 문익점의 집 근처 목화밭 | · 문익점과 대화하기<br>· 씨아와 물레에 대해 알아보기 | · 솜은 어떻게 생기는 걸까?<br>· 목화로 만든 무명은 어떤 옷감일까? |

 조선 시대

 함께 떠나요!

| 장소 | 시간 여행 내용 | 핵심 내용 |
|---|---|---|
| 조선 개성의 장터 | · 조선 시대 어린이들의 옷 입어 보기<br>· 옷고름이 생긴 까닭 알아보기<br>· 직업과 신분에 따라 다른 옷을 입은 이유 알아내기 | · 법으로 정해 놓은 백성의 생활은 어떠했을까?<br>· 조선 시대의 신분 제도는 어떤 것일까? |
| 조선 개성의 기생집 | · 옛날 여인들의 화장품 살펴보기<br>· 조선 여인들의 멋 부리는 법 관찰하기<br>· 옛 여인들의 장신구 살펴보기 | · 옛 사람들은 어떤 속옷을 입었을까? |
| 조선의 양반집 | · 조선 여인들의 머리 모양 알아보기<br>· 목화에서 실을 뽑는 방법 배우기<br>· 베틀로 길쌈하는 방법 배우기<br>· 누에에서 명주실 뽑는 법 배우기 | · 물레는 어떻게 사용하는 것일까?<br>· 비단은 어떻게 만드는 것일까? |
| 조선 개성의 기생집 | · 바느질하는 도구 알아보기<br>· 빨래하는 방법과 도구 배우기 | · 옛날에는 어떻게 빨래를 하고 어떻게 옷을 손질했을까? |

**※주의 사항**
시간 열차는 정확한 시간에 운행합니다. 승객께서는 무슨 일이 있어도 정확하게 열차 시간을 지키시길 바랍니다. 승객의 잘못으로 열차를 놓친다면, 영원히 과거의 세계에서 현재의 세계로 돌아오지 못할 수도 있습니다.

#  시간을 달리는 열차

첫째 날 밤 11시 55분, 서울 세종로 사거리

**세종로** 조선 태조 이성계가 한양을 세울 때 만든 큰길로, 옛날에는 해태 석상이 있었다고 해서 '해태앞'이라고 불렀어요. 세종로 주변에는 전통문화 체험을 하기에 좋은 경복궁과 국립민속박물관 등이 있어요.

광화문 너머에서 불어오는 겨울바람은 얼음 가루처럼 차가웠어요. 저 멀리 경복궁이 어둠 속에서 공룡처럼 조용히 누워 있었고요. 하나 둘 문을 닫는 상점들이 셔터를 내리는 소리만 들릴 뿐, 거리에서 사람이라곤 찾아볼 수 없었어요. 세종로 한가운데 어떤 남자와 한 아이는 줄곧 큰길을 바라보며 무언가를 기다리고 있었지요.

아이는 몹시 추운지 발을 동동 굴렀어요.
"아빠, 오긴 오는 거예요?"
아이 입에서 하얀 입김이 뿜어져 나왔어요.
"그럴 게다. 설마 시간을 어기려고……."
아빠라 불리는 남자는 꽤 무거워 보이는 배낭을 짊어지고 있었지요. 옷차림을 보아 어디론가 먼 길을 떠나는 것 같았어요.
"시간 열차가 몇 시에 온다고 했어요?"
"정각 12시에 도착한다고 하더라. 이제 1분 남았다."

**광화문** 경복궁의 대문이에요.

**경복궁** 조선 시대 왕이 살던 궁궐로, 태조 이성계가 세웠어요. 임진왜란 때 모두 불타 버렸지만, 흥선 대원군이 다시 세웠지요.

뿌 우 우 우

우―와!

시간 열차라고요? 세종로에는 철길도 깔리지 않았는데, 어떻게 열차가 온다는 말일까요? 시간 열차는 또 뭐고요? 철길이 아니라, 시간 위를 달리는 열차라는 뜻일까요?

"1분 남은 거 맞아요? 열차는커녕 먼지도 안 보이는데요."

바로 그때였어요! 뿌우우우욱!

갑자기 아이의 눈앞으로 거대한 무쇠 덩어리가 달려오기 시작했어요! 아이는 깜짝 놀라 아빠 뒤에 얼른 몸을 숨겼어요.

두 개의 전조등이 호랑이 눈알처럼 어둠 속에서 번쩍였어요.

그것은 바로 시간 열차였어요!

시간 열차는 스르르 얼음 위를 미끄러지듯이 부드럽게 두 사람 앞에 섰어요. 덜컹, 하고 자동으로 문이 열렸고, 아빠는 아이의 손을 잡고 열차에 올랐어요. 시간 열차는 다시 서서히 움직이기 시작했어요. 열차가 점점 빨라지는가 싶더니, 갑자기 광화문을 향해 무서운 속도로 돌진하기 시작했어요.

"추, 충돌하겠어!"

아이는 자기도 모르게 눈을 질끈 감아 버렸어요. 쑤욱, 하고 무언가에 빨려 들어가는 듯한 느낌이 들었지요.

그런데 어찌 된 일일까요? 아무 일도 일어나지 않은 거예요. 아이는 슬며시 눈을 떴어요. 오! 창밖으로 붉고 푸른 무지개가 춤을 추고 있었어요.

"아빠, 저게 뭐예요? 진짜 아름다워요."

"시간 터널 안으로 들어왔나 봐. 과거로 떠나는 여행이 시작된 거야."

아빠의 얼굴에 잔잔한 미소가 흘렀어요.

# 시간 여행법 제12조

의식주와 전통문화란 무엇일까?

"검표하겠습니다. 승차권을 보여 주십시오."

시간 열차의 승무원이 오른손을 올려 경례를 했어요. 승무원은 검은 모자를 쓰고, 검은 코트에 검은 바지를 입고 있었어요. 모자에 박힌 열차 모양의 금빛 배지가 반짝였지요.

아빠는 외투를 뒤져 두 장의 승차권을 꺼내 내밀었어요. 승무원은 승차권을 받으며 아빠 옆 자리에 놓인 배낭을 슬쩍 보았어요.

"혹시…… 이번 시간 여행이 처음이신가요?"

"예. 아들이 겨울 방학이라……."

"우린 고려 시대랑 조선 시대로 가요. 문화 체험을 하러요!"

마음이 들뜬 아이는 자리에서 벌떡 일어나며 외쳤어요.

"그렇군요. 그런데 시간 여행에는 몇 가지 주의할 사항이 있습니다. 알고 계십니까?"

아빠와 아이는 대답 대신 고개를 흔들었어요. 승무원은 들고 있던 서류철에서 종이 한 장을 꺼내 건넸어요. 그 종이에는 다음과 같은 주의 사항이 적혀 있었지요.

## 시간 여행 시, 주의 사항

**1. 절대로 미래에서 왔다는 이야기를 해서는 안 됩니다.**
물론, 믿어 주지도 않겠지만, 잘못하다가는 미친 사람으로 몰려 감옥에 갇힐 수도 있습니다.

**2. 과거의 사람들에게 현대의 과학이나 첨단 기술을 가르쳐 주거나 함부로 말해서는 안 됩니다.**
요술을 부린다고 오해를 받아 위험에 처할 수 있습니다.

**3. 위험에 처해 있는 어떤 사람이나 생명을 구해서는 안 됩니다.**
무조건 지켜보아야만 합니다. 만약 당신이 과거의 사건에 관여를 하면,
도미노처럼 연쇄적인 시간 폭발이 일어날 수 있습니다.
심지어 지구 전체의 시간이 위험에 빠질 수 있습니다.

**4. 현대의 물건을 가져가서는 안 됩니다.**
특히 부주의한 어린이들은 MP3, 휴대용 게임기, 디지털 카메라, 휴대전화 등을
가져가는 경우가 있습니다. 보호자는 주의하시기 바랍니다.

※ 만약, 위 사항들을 지키지 않은 상태에서 불의의 사고가 발생했다면,
그것은 모두 본인의 잘못입니다. 따라서 시간 여행법 제12조에 따라
벌금을 물거나 처벌을 받을 수도 있음을 경고합니다.

"그럼, 행복한 여행이 되시길 바랍니다."

승무원은 경례를 하고 돌아서다가 말고 뭔가 잊은 듯 다시 고개를 돌렸어요.

"아참, 지금 입은 옷 말입니다. 설마 청바지와 티셔츠를 입고 고려 시대로 가실 건 아니겠지요? 옷은 준비해 오셨나요?"

"아니요. 옷이라니요?"

아빠는 어리둥절한 표정을 지었어요. 흠, 하고 승무원은 가볍게 한숨을 쉬었어요.

> 옷 우리 몸을 보호하기도 하지만, 입은 사람이 어떤 사람인지 드러내는 역할도 해요. 옛날에는 옷을 보고 상대방의 신분이 양반인지 천민인지 알 수 있었대요. 옷은 시대에 따라 계속 바뀌었고, 지금도 변하고 있어요. 남자 옷보다는 여자 옷이 훨씬 많이 변하지요.

시간 여행법 제12조

"과거로 여행을 갈 때에는 반드시 그 시대 사람들과 똑같은 옷을 입어야 합니다. 조선 시대로 가신다면, 조선 시대에 어울릴 만한 한복을 입어야 해요. 그래야 수상한 사람이라는 의심을 받지 않거든요."

"아! 그렇군요. 그럼 어쩌지요?"

아빠는 손바닥으로 이마를 치며 걱정했어요.

"염려 마십시오. 승객님 같은 분들을 위해 시간 열차의 객실 끝에 물품 보관소와 복장 대여소를 준비해 놓았습니다. 그곳에 가면 승객님과 아드님에게 딱 맞는 옛날 옷을 빌릴 수 있을 겁니다."

"감사합니다! 저는 집에 다시 돌아가야 하는 게 아닌가 싶어 가슴이 덜컥 내려앉았습니다."

이번에는 아빠가 안도의 한숨을 쉬었어요. 승무원은 살짝 웃으면서 다시 경례를 하고 돌아섰어요.

열차의 창밖은 신비한 빛깔로 가득 차 있었어요. 무지개가 파도처럼 출렁거리며 열차 뒤쪽으로 빠른 속도로 흘러갔지요.

"하늘아, 저것 봐!"

아빠가 가리킨 곳에는 둥글고 네모난 모양의 물건들이 수없이 많았어요. 해파리 같기도 하고, 스펀지 같기도 한 그것들은 허공을 둥둥 떠다니면서 흐느적거리고 있었어요. 자세히 보니, 바늘 같은 것이 붙어 있지 뭐예요.

"저건…… 시계예요!"

하늘이가 깜짝 놀라 소리쳤어요.

"맞다, 시계구나. 어딘가에 시간 무덤이란 곳이 있다는 걸 들었는데, 바로 여긴가 보구나."

"시간 무덤이요?"

"응. 사람들이 아껴 쓰지 않고 함부로 낭비한 시간들이 버려지는 곳이야. 시간이란 것은 한 번 지나가면 영원히 다시 쓸 수 없어. 그래서 세상에서 가장 귀중한 것이라고들 하지."

시계 하나가 젤리처럼 물렁물렁하게 녹은 채 창문에 달라붙었어요. 생명을 가진 동물이 죽어 가는 듯 불쌍하고 슬프게 보였지요.

"하늘아, 아빠는 네가 이번 체험 여행에서 사람에게 꼭 필요한 게 뭔지 알았으면 좋겠구나."

"그게 뭔데요? 시간인가요?"

하늘이는 창문에 붙은 젤리 시계를 만지려는 듯 창문에 손가락을 대고 톡톡 두드렸어요.

"아빠는 의식주라고 생각해. 시간은 모든 사람에게 공평하게 주어지지만, 의식주는 그렇지 않거든. 하늘이도 이제 초등학교 4학년이 되니까, 의식주가 뭔지는 알고 있지?"

"그럼요. 의는 옷이고, 식은 음식, 그리고 주는…… 주님이던가?"

아빠가 이마를 문지르며 고개를 숙였어요. 슬쩍 눈치를 보던 하늘이는 다시 자신 있게 외쳤어요.

"아니다, 주식! 아빠가 좋아하는 돈 비슷한 것 맞죠?"

아빠는 고개를 더 푹 숙이면서 이마를 더 세게 문질렀어요.

"하하하, 이런! 주식도 좋고, 주님도 좋아. 하지만 주는 집을 뜻해. 의식주가 없으면 사람은 단 한 순간도 살 수 없지."

아, 하면서 하늘이는 고개를 끄덕였어요.

## 의식주란 무엇일까요?

의식주란 사람이 살아가는 데 꼭 필요한 세 가지 요소인 옷, 음식, 집을 함께 일컫는 말이에요.
의식주가 없다면, 사람은 생명을 유지할 수 없어요. 목숨을 잃게 되지요. 만약 옷이 없다면 어떻게 될까요? 몸을 보호할 수도 없고, 예의를 지킬 수도 없지요. 발가벗고 돌아다니면 미친 사람으로 오해받을 거예요.

 의(衣)는 옷, 신발, 모자 등 사람의 몸을 보호하는 데 필요한 것.

"그래서 아빠가 의식주 문화 체험을 하자고 한 거구나."

"그래. 옛날로 가서 우리 겨레가 어떻게 입고, 먹고, 살아왔는지 직접 체험해 보는 거야. 이걸 전통문화 체험이라고 하지."

"난 전쟁터에 가서 이순신 장군을 만나 거북선을 타 봤으면 좋겠어요! 칼싸움도 배우고! 휙, 휙."

하늘이는 오른손을 쭉 뻗어 칼처럼 휘둘렀어요.

"이순신 장군은 여름 방학 때 꼭 만나게 해 주마. 그런데 문화

**문화** 인류가 학습에 의해 사회로부터 배운 모든 것. 지식, 신앙, 예술, 도덕, 법률, 관습 등이 포함되지요.

**전통문화** 한 민족에 의해 오랜 세월을 지내면서 전해 내려오는 고유의 문화. 그 민족만이 가지고 있는 독특한 생활 모습이나 유적 등을 통틀어 말해요.

음식이 없다면, 어떻게 될까요? 공부도 할 수 없고, 일도 할 수 없겠지요. 결국, 굶주려서 죽게 되지요. 집이 없다면, 편안하게 쉬거나 잠을 잘 수도 없어요. 비나 태풍, 눈보라 같은 자연재해로부터 몸을 지키기도 어려울 거예요.

 **식**(食)은 음식. 밥, 국, 반찬 등 사람의 생명을 유지하는 데 필요한 것.

 **주**(住)는 집. 사람들이 쉬고, 잠자고, 일하는 데 필요한 곳.

와 전통문화가 어떻게 다른지 아니?"

"아니요. 휙, 휙. 실은 전통문화를 왜 배워야 하는지도 모르겠어요. 휙, 휙."

"하늘아, 팔 좀 가만있어. 정신이 하나도 없잖니. 전통문화는 우리 겨레의 뿌리와 같은 거야. 나무가 뿌리를 잃어버린다면 어떻게 될까? 그냥 쓰러져 죽어 버릴 거야. 전통문화를 지키지 못한다면, 우리도 뿌리 없는 나무처럼 겨레와 민족을 잃어버릴 테지."

"그런데요, 조상 할아버지들이 먹고, 입고, 사는 걸 직접 가서 봐야 할 만큼 중요한 건가요? 멋있는 성이나 고인돌도 많잖아요."

하늘이는 대수롭지 않은 듯한 표정을 지었어요.

아빠는 하늘이가 꼼짝 못하도록 두 손으로 어깨를 잡았어요. 중요한 얘기를 할 때면 아빠는 언제나 그렇게 잡고는 하늘이의 눈을 똑바로 바라봤지요.

"의식주 속에는 오천 년의 신비한 비밀이 숨어 있어. 그걸 알게 되면, 깜짝 놀라 입이 떡 벌어질 거야."

"정말요? 그렇다면 우리의 식도 중요하잖아요! 그러니 빨리 저녁 먹어요! 벌써 새벽 1시예요."

하늘이는 아랫배를 문지르며 혀를 내밀었어요.

# 석기 시대로 가는 보험 사원

구석기와 신석기 시대에는 어떤 옷을 입었을까?

하늘이는 아빠와 함께 시간 열차의 식당 칸으로 건너갔어요.

문을 열자, 발 디딜 틈이 없을 만큼 붐볐어요. 두 사람은 승객들 사이를 헤치고 간신히 구석 자리에 앉았어요. 하늘이가 아빠의 귀에 대고 소곤거렸어요.

"아빠, 이 사람들 옷이 이상해요! 무슨 영화 찍나 봐."

하늘이 말대로 승객들의 복장은 특이했지요. 무슨 가장무도회라도 온 것처럼 텔레비전에서나 볼 수 있는 과거의 옷들을 입고 있었거든요.

원시인처럼 동물 가죽으로 몸을 감은 청년, 장군처럼 갑옷과 투구를 쓴 채 무거워서 끙끙거리는 아저씨, 화려한 비단옷을 입고, 머리에 한지와 대나무로 만든 모자*를 쓴 아가씨도 있었어요. 하늘이가 두리번거리는 사이에 아빠는 차림표를 들고 펼쳐 보았어요.

"특이한 음식이 많구나. 쌍코뿔이 스테이크, 매머드 매운 양념 구이, 동굴사자 뒷다리 볶음……."

\* 한지와 대나무로 만든 모자는 조선 시대 기녀들이 외출할 때 쓰던 모자로 '전모'라고 해요. 대나무로 테두리를 만들고, 한지를 발라 만들었어요.

**쌍코뿔이** 구석기 시대에 살았으나 지금은 멸종된 동물로 코뿔소처럼 생겼어요. 충북 청원에 있는 두루봉 동굴에서 구석기 시대의 사람들이 쌍코뿔이를 잡아먹고 남긴 뼈가 발견되었답니다.

**매머드** 온몸에 갈색 털이 달린 코끼리같이 생긴 거대한 동물로, 지금은 멸종됐어요. 매머드는 구석기 시대 사람들의 사냥감이었어요.

**동굴사자** 석기 시대에 멸종된 동물. 지금의 사자보다 훨씬 크고 갈기가 없었으며, 동굴에서 살았어요.

**빙하기** 수억 년 전부터 만 년 전까지 몇 차례에 걸쳐 지구 전체가 얼음으로 뒤덮였던 시기예요.

"난 동굴사자 뒷다리 볶음! 왠지 맛있을 거 같아요."

아빠가 종업원에게 음식을 주문하고서 빙하기 시대의 빙하를 녹여 만들었다는 생수를 한 잔 마실 때였어요.

"실례합니다. 함께 앉아도 되겠습니까?"

누군가 말을 걸어왔어요. 아빠가 대답을 하기도 전에, 그 사람은 자리에 털썩 주저앉으며 말을 이었어요.

"감사합니다. 오늘따라 자리가 없네요. 웬 여행자가 이렇게 많은지……."

하늘이는 깜짝 놀랐어요. 아저씨가 풀과 나무껍질로 대충 몸을 가렸지만, 벌거숭이나 마찬가지였으니까요. 얼굴은 불그스름했고, 키가 크고 뚱뚱했지요.

임신한 아줌마처럼 불룩한 배가 마른풀 사이로 튀어나온 데다가, 선글라스까지 끼고 있었어요. 그 모습이 너무 웃겨 하늘이는 자기도 모르게 큭큭, 웃었어요.

선글라스 아저씨는 돌도끼를 테이블 위에 털썩 올려놓으며 물었어요.

"어디로 가십니까?"

"우리는 고려 시대를 거쳐 조선 시대로 갑니다. 전통문화 체험을 하러 가는 길이지요."

선글라스 아저씨는 선글라스를 이마에 올려 썼어요. 눈이 얼굴 크기에 비해 단추 구멍만큼 작았지요. 하늘이는 또 한 번 큭큭, 웃었어요.

"잘했군요! 잘 선택하셨습니다. 요즘은 영어를 가르친답시고

셰익스피어를 만나러 중세 영국으로 떠나거나, 수학을 가르친다고 고대 그리스의 피타고라스를 찾아가는 부모들이 많지요. 하지만, 무엇보다 중요한 게 우리의 전통문화 아니겠습니까? 전통문화를 모르면 우리나라 사람이라고 할 수 없지요. 허허허!"

선글라스 아저씨는 능청스럽게 웃으며 너스레를 떨었어요. 하늘이가 의자에서 엉덩이를 떼며 불쑥 물었어요.

"아저씨는 어디로 가세요? 아프리카 식인종이라도 만나러 가세요?"

"구석기 시대로 가는 중이야. 쌍코뿔이 사냥을 화끈하게 하는 거지!"

아저씨는 돌도끼를 쥐고 흔들어 보였어요. 하늘이는 저런 어설픈 돌도끼에 쌍코뿔이가 맞아 죽을 것 같지는 않다고 생각했어요.

"시간 여행은 처음이신가요? 난 여러 번 다녀왔지요. 혹시 '살아 있을 때 꼭 가 봐야 할 시간 여행지'라는 책 보셨습니까? 그 책이 바로 제가 쓴 거지요. 하하하!"

아저씨가 소리 내서 웃자, 민망하게도 불룩 나온 배가 출렁거렸어요. 마른풀 몇 가닥이 바닥에 떨어졌어요.

"근데요, 아저씨 옷은 옷이 아니네요?"

하늘이가 금방이라도 벌레가 기어 나올 것 같은 풀을 손가락으로 가리키면서 물었어요.

"구석기 시대 사람들은 멋을 내려고 옷을 입은 게 아니라서 말이지. 무조건 살아남으려고 옷을 입었던 거야. 추위를 피하고, 더위를 막고, 몸을 보호하려고. 옷감 만드는 법도 몰랐으니까, 짐승 가죽이나 나무껍질, 풀…… 뭐 이런 걸 대충 걸치고 산 거지. 내 모습이 아프리카 원시 부족 같니?"

하늘이는 고개를 끄덕였어요.

"사람을 백 명쯤 잡아먹은 뚱뚱한 식인종요. 사자나 곰 가죽 같은 걸 입지 그러셨어요? 그랬더라면 적어도 부족장처럼 보였을 텐데……."

"그러려고 했는데, 다른 사람들이 벌써 다 빌려 가고 이거 하나 남았더라. 하하하! 요즘은 어딜 가나 줄을 잘 서야 한다니까. 아무 옷이나 입으면 또 어떠냐? 구석기 시대에는 이게 최신 유행일지도 모르는데."

주위를 두리번거리면서 눈치를 보던 선글라스 아저씨는 아빠 귀에 대고 들릴 듯 말 듯 속삭였어요.

# 구석기 시대 사람들은 어떤 옷을 입었을까요?

▲구석기 시대 유적지

### 구석기 시대

지금부터 300만 년 전쯤에 인류의 조상이 지구에 나타났다고 해요. 우리가 사는 한반도와 그 주변 지역에는 약 70만 년 전부터 사람이 살기 시작했어요. 어떻게 아느냐고요? 그 시대에 살았던 사람들이 남긴 흔적을 발견했으니까요. 충청북도에 있는 청원의 두루봉 동굴과 평안남도 상원의 검은모루 동굴, 충청북도 단양의 금굴 등에서 구석기 사람들이 사용하던 뗀석기들이 많이 발견되었지요.

### 구석기 시대 사람의 옷

구석기 시대의 사람들은 옷감을 만들 줄 몰랐어요. 그래서 겨울에는 뗀석기로 동물을 사냥하고, 가죽을 벗겨 몸을 감싸서 추위를 막았어요. 여름에는 나무껍질과 풀을 엮어 걸쳤어요. 바느질을 할 줄 몰랐기에 몸에 잘 맞도록 만들지도 못했을 거고, 움직일 때마다 흘러내릴 정도로 불편했을 거예요. 입었다기보다는 대충 몸에 걸치고 감싸는 정도였으니까, 옷이라고 보기에는 너무 볼품없었지요.

"그런데…… 보험은 드셨나요?"

"보험요? 무슨 보험요?"

"쉿! 조용히 하세요. 아직도 모르고 계셨어요? 시간 여행은 생각보다 위험해요! 사고가 나서 현대로 돌아오지 못한 여행자들이 점점 많아지고 있어요."

아빠는 입술을 내밀며 눈을 동그랗게 떴어요.

"시간 구조대가 있다고 들었는데요? 위험에 빠지면 즉시 출동해서 구출해 준다고 하던데……."

"나 원 참, 쯧쯧……. 119 소방차가 출동한다고 불이 안 납니까? 사고가 난 후에 출동하면 뭘 합니까? 시간 여행사에서는 소문이 나면 손님이 떨어진다고 쉬쉬 숨기고 있어요. 제 얘기를 잘 들으세요. 제가 잘 아는 보험 회사가 있습니다. 이번에 특별 이벤트 기간인데요. 보험료를 아주 싸게 해서 백만 원에 가입시켜 드리겠습니다."

"백…… 백만 원요? 그렇게나 비싸요?."

아빠는 어이가 없다는 표정을 지었어요.

"좀 비싸긴 하지만, 위험에 처하면 반드시 제값을 합니다. 시간 구조대보다 출동 시간도 빠르고, 시간 구조대가 못 하는 것도 척척 하니까요."

아빠는 턱을 어루만지며 고민을 하다가 하늘이를 슬쩍 쳐다봤어요. 하늘이는 눈을 찡긋거리면서 절대로 가입하지 말라는 사인을 보냈어요.

"음…… 됐습니다. 보험은 필요 없습니다. 우리 부자는 생각보다 조심성이 많거든요."

선글라스 아저씨는 실망한 표정을 지으며 이마에서 선글라스를 내려 썼어요.

"혹시라도 나중에 필요하시면 언제든 연락해 주세요."

선글라스 아저씨는 테이블 위에 명함을 올려놓고 사람들 틈을 비집고 사라졌어요.

하늘이와 아빠는 동굴사자 뒷다리 볶음과 매머드 매운 양념 구이를 먹었어요. 배고파서였는지 씹기도 전에 살살 녹았지요.

"우리도 서두르자. 남들이 옷을 다 빌려 가기 전에."

둘은 승무원이 가르쳐 준 복장 대여소로 향했어요.

"어서 오세요. 저희 복장 대여소에는 어느 시대 어느 장소를 막론하고, 과거 사람들에게 의심 받지 않도록 모든 종류의 옷들이 준비돼 있습니다. 어떤 옷이 필요하십니까?"

예쁜 승무원이 안내 접수대에서 미소를 지었어요.

"직접 구경하고 고를게요."

|  |  |
|---|---|
| 석기 시대 | 기원전 70만 년 전부터 우리나라에서는 구석기 시대가 시작되었어요. 그리고 기원전 6,000년 경에 신석기 시대가 시작되었지요. |
| 고조선 | 기원전 2333년, 단군왕검은 아사달에 도읍을 정하고 고조선을 세웠어요. 고조선은 우리나라 최초의 국가예요. |
| 삼국 시대 | 기원전 100년경부터 기원후 660년경까지 고구려, 백제, 신라, 세 나라가 서로 맞서던 시대예요. |
| 고려 시대 | 918년, 태조 왕건이 궁예를 내쫓고 분열된 한반도를 통일해 세운 나라예요. 개성에 도읍지를 정했지요. |
| 조선 시대 | 1392년, 태조 이성계가 고려를 무너뜨린 후 세운 나라예요. 개성에서 한양(서울)으로 도읍지를 옮겼지요. |
| 개화기 | 1876년에 조선과 일본이 맺은 강화도 조약 이후부터의 시대예요. 이때부터 우리나라는 서양의 문물을 받아들이며 근대 사회로 변하기 시작했어요. |

아빠와 하늘이는 복장 대여소 안으로 들어갔어요.

그 안에는 우리나라 시대별로 여섯 개의 방이 차례대로 붙어 있었어요.

석기 시대 방, 고조선 방, 삼국 시대 방, 고려 시대 방, 조선 시대 방 그리고 개화기 방이었어요.

옷들은 백화점의 매장처럼 가지런히 걸려 있었어요. 다른 점이라면, 옷의 종류가 엄청나게 많다는 것이었지요.

"아빠, 우리 석기 시대 방에 들어가 봐요."

석기 시대는 구석기 시대와 신석기 시대로 칸이 구분돼 있었어요. 선글라스 아저씨 말대로 구석기 시대에는 옷이 거의 남아 있지 않았지요.

구석기 시대의 옷은 옷이라고 부르기 어려울 정도로 엉망이었어요. 하지만 신석기 시대의 옷은 달랐지요. 구석기 시대에 비하면 차츰 옷의 형태를 갖추고 있었어요.

"아빠! 이건 옷감이에요!"

하늘이가 신석기 시대의 옷을 만지고 있었어요. 옷감은 구멍이 숭숭 뚫렸고, 까칠까칠한 느낌이 들었지요.

"그래. 신석기 시대부터 옷감을 짜서 옷을 만들었구나. 이것 봐라! 바느질을 한 자국도 있어. 생각보다 꼼꼼하게 했는걸?"

"석기 시대니까 쇠붙이도 없었잖아요. 무엇으로 바느질을 한 걸까요? 또 옷감은 뭐로 짠 거지요? 돌멩이로 바느질하고 옷감을 짤 수는 없잖아요."

하늘이가 신석기 시대의 옷을 입고는 거울 앞에 서서 빙글빙글 돌며 물었어요.

"이 옷감은 삼이란 풀로 만든 거야. 그리고 바늘은 동물의 뼈를 갈아서 만들었지. 생각보다 영리했지? 사실, 신석기 시대 사람이나 현대인의 지능은 거의 비슷한 수준이라고 해. 현대인만큼이나 똑똑했다는 소리지."

# 신석기 시대 사람들은 어떤 옷을 입었을까요?

## 옷감을 짠 신석기 사람들

신석기 시대부터 사람들은 천을 짜서 옷으로 만들어 입기 시작했어요. 어떻게 아느냐고요? 신석기 시대 사람들이 사용하던 유물에서 실을 뽑는 데 사용되는 가락바퀴가 발견되었기 때문이지요. 또 뼈를 갈아서 만든 바늘과 바늘통도 발견되었어요. 천을 짜고 동물 가죽을 바느질해서 몸에 맞게 옷을 만들어 입었던 거지요.

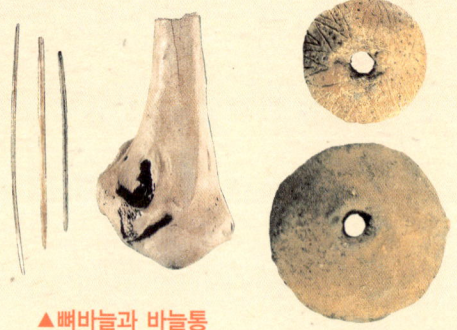

▲뼈바늘과 바늘통

▲가락바퀴

## 삼으로 만든 옷감

신석기 시대에 처음 짠 옷감은 삼베였어요. 삼베의 촉감은 부드럽지 않고, 까칠까칠해요.
삼베는 삼이란 풀의 줄기를 가늘게 쪼개고 길게 이어서 실을 만든 다음 그 실로 천을 짠 거예요. 삼은 한해살이 풀인데, 어느 지역이나 기후에도 잘 적응해서 잘 자라지요.

▲삼

## 오늘날의 삼베

삼베는 오늘날까지도 사용하고 있는 옷감이에요. 구멍이 숭숭 뚫려 있어 여름에 입으면 아주 시원하지요. 또 삼실(삼으로 만든 실)은 아주 질기고 튼튼해요. 그래서 삼실을 엮어 밧줄로 만들기도 하고, 그물과 배의 돛을 만들기도 한답니다.

▲삼베

# 호랑이 사냥을 하는 고구려 무사

**삼국 시대**에는 어떤 옷을 입었을까?

현재 시각 : 427년 6월 13일 오후 2시    도착 장소 : 고구려 평양

"고구려 시대에 잠시 정차하겠습니다. 내리실 승객 분은 오른쪽 출구를 이용하시길 바랍니다."

열차 천장에 달린 스피커에서 승무원의 목소리가 울렸어요.

복장 대여실에서 옷을 구경하다 말고, 하늘이는 창밖을 바라봤어요. 고구려의 넓은 들판이 펼쳐져 있고, 저 멀리 울창한 숲이 한눈에 들어왔어요. 그때였어요.

"우와! 사냥꾼들이에요!"

아빠와 하늘이는 시간 열차의 창문 가까이 다가갔어요.

"사냥꾼이 아니라 무사야. 무예를 익혀 전쟁을 하는 사람들이지. 오늘은 사냥을 나왔나 보네. 고구려 사람들은 수렵을 즐겨 하고, 용맹하고 씩씩하다고 들었는데*, 정말이구나."

"저 사람들은 우리가 안 보이나요? 그냥 지나치는데요?"

"응. 시간 터널 밖에 있는 사람들은 터널 안을 볼 수 없어. 저 사람들은 우리와 다른 차원, 다른 시간대에 있어서 그래."

수십 명의 무사들은 말을 타고 들판을 가로질러 큰 나무들이

> **427년** 고구려의 장수왕이 국내성(오늘날 중국의 길림성)에서 평양으로 도읍지를 옮긴 때예요.
>
> **수렵** 사냥의 다른 말이에요.
>
> * 고구려 사람들이 남긴 고분(옛 무덤)인 무용총의 수렵도라는 벽화를 보면 알 수 있어요.

▲ 무용총 수렵도

빽빽하게 서 있는 숲 속으로 달려갔어요. 여러 사냥개들이 왕왕 짖으며 날렵하게 뒤쫓았어요.

"앗, 호랑이다! 호랑이 사냥을 하려나 봐!"

송아지만 한 호랑이가 왕방울만 한 눈을 굴리며 큰 바위 위에 올라서서 울부짖고 있었어요. 날카로운 이빨이 아주 무서워 보였지요. 무사들은 말에 탄 채 화살을 뽑았어요. 호랑이를 향해 활시위를 당기자 호랑이 가슴팍에 화살들이 날아가 꽂혔어요. 호랑이는 비틀거리더니 그대로 바위 밑으로 꼬꾸라졌어요. 그러자마자 사냥개들이 달려들어 호랑이의 등줄기와 뒷다리를 사정없이 물었지요.

"호랑이가 꼼짝도 못해요! 우와! 호랑이 사냥을 직접 보다니!"

하늘이는 흥건하게 젖은 손을 바지에 문질렀어요. 아빠는 카메라 셔터를 정신없이 누르며 사진을 찍었어요.

> **사냥개** 우리나라 토종 사냥개로는 풍산개가 있어요. 풍산개는 호랑이를 사냥할 정도로 용맹했어요.

"하늘아, 고구려 무사들 옷 좀 봐."

"신석기 시대 옷과는 완전히 달라요! 윗도리랑 바지를 입었고, 머리에도 뭘 쓰고 있어요."

"윗도리가 아니라, 저고리야. 고구려 사람들은 저고리와 바지를 많이 입었어. 바지를 입으면 겨울에 따뜻하고, 말을 탈 때도 편하잖아."

"그럼, 신라나 백제는 옷이 달랐나요?"

"응. 조금 다르긴 했지만, 거의 비슷했어. 결혼식 같은 잔치를 치를 때에는 저고리와 바지 위에 두루마기를 입었고, 여자들은 치마를 입었어."

하늘이는 고개를 끄덕였어요.

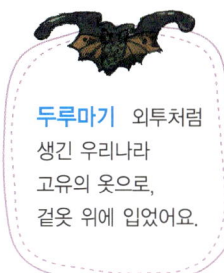

**두루마기** 외투처럼 생긴 우리나라 고유의 옷으로, 겉옷 위에 입었어요.

"인디언처럼 머리에 쓰고 있는 건 뭐예요? 깃털 같기도 한 게 참 멋있어요."

"맞아. 머리에 새 깃을 꽂아 멋있게 장식했구나. 무사들은 사냥할 때 저런 관을 썼고, 일반 백성들은 일을 할 때 건이라는 걸 썼어. 건은 천으로 머리를 감싼 건데, 머리가 흐트러지지 않도록 해 주고, 이마에서 땀이 흐르는 것도 막아 주었지."

하늘이의 문화 수첩

## 삼국 시대 사람들은 어떤 옷을 입었을까요?

### 토용이 입은 옷

고구려와 백제, 신라 사람들은 어떤 옷을 입었을까요? 고구려의 고분에 그려진 벽화를 보면 고구려 사람들이 어떤 옷을 입었는지 알 수 있어요.
또 신라에서 만들어진 토용(흙으로 만든 인형)를 보면 신라 사람들이 어떤 옷을 입었는지 알 수 있지요.

▲신라 시대 토용

### 고구려 무사의 옷

벽화에 그려진 고구려 무사를 보면, 저고리와 바지를 입고 머리에 새의 깃을 꽂은 모자를 썼어요. 옛날부터 우리나라 사람들은 저고리와 바지를 가장 기본으로 입었어요. 이렇게 입은 이유는 겨울에 몹시 추웠기 때문이에요. 추운 날에는 다리를 잘 감싸도록 바지를 입었지요. 또 위와 아래를 따로 입은 이유는 활동하기 편하기 때문이에요. 날씨가 따뜻한 베트남이나 중국 지방에 살던 옛사람들의 옷을 보면, 위와 아래가 나뉜 게 아니라 하나로 되어 있어요.

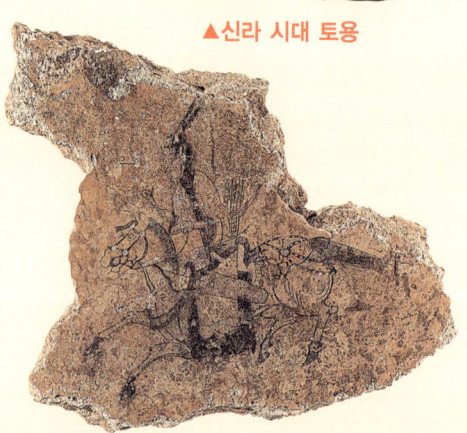

▲쌍영총 기마도
국립중앙박물관 소장 [중박 200801-008]

### 고구려 무사의 신발

고구려 무사들은 뾰족한 못이 촘촘하게 박혀 있는 금동 신발을 신었어요. 금동이란 겉에 금을 씌운 구리예요. 마치 스파이크가 달린 축구화 같지요? 크기도 엄청 커요. 발이 정말 이렇게 컸던 걸까요? 이 신발은 실제로 걸어 다닐 때 신었던 신발이 아니라, 전쟁을 할 때 말을 탄 무사들이 신발 위에 또 신었던 신발이지요. 적들이 가까이 오면 발로 차려고요. 한번 차이면 정말 아팠을 것 같아요.

▲고구려 무사의 금동 신발

## 두루마기와 주름치마

의례(행사나 의식) 때처럼 예절을 차려야 할 때에는 저고리와 바지 위에 두루마기와 치마를 입었어요. 무용총에 그려진 벽화인 무용도를 보면, 두루마기와 치마를 입고 춤을 추는 모습이 그려져 있지요. 치마는 길이가 길었고, 끝단까지 주름이 잡혀 있는 주름치마를 입었어요. 활동하기 편하게 허리띠도 맸고요. 이런 옷차림은 고구려, 신라, 백제가 모두 비슷했어요. 저고리는 남자나 여자 모두 엉덩이까지 내려왔고, 두루마기는 무릎 아래로 내려올 만큼 길었지요. 고려 시대까지도 이런 옷차림은 계속됐지요.

▲무용총 무용도에 그려진 고구려의 무용수

## 옛사람들의 모자, 관과 건

삼국 시대의 우리나라 남자들은 모자를 좋아했어요. 그래서 밖으로 나갈 때는 언제나 모자를 썼어요. 고구려 벽화 속의 무사를 보면, 머리에 새 깃을 꽂아 장식한 '관'이란 모자를 쓰고 있어요. 일반 백성들은 남자 여자 할 것 없이 천으로 머리를 감쌌어요. 이것을 '건'이라고 부르지요.

# 시끌벅적 고려의 개경 시장

**상점 주인이 들려주는 고려의 옷 이야기**

현재 시각 : 1364년 9월 25일 오후 10시   도착 장소 : 고려 개성

**고려** 널리 외국까지 이름을 알린 나라예요. 오늘날 외국 사람이 우리나라를 '코리아' 라고 부르는 것도 고려라는 이름에서 따온 거지요.

"고려 시대에 정차하겠습니다. 내리실 승객 분은 왼쪽 출구를 이용하시길 바랍니다."

하늘이는 꾸벅꾸벅 졸다가 말고 슬며시 눈을 떴어요. 좌석 앞 모니터에 붉은 글씨로 현재 시각과 장소가 나타났어요.

"아빠, 다 왔어요! 고려 시대예요!"

하늘이는 자고 있던 아빠를 흔들어 깨웠어요. 두 사람은 엉성한 괴나리봇짐 하나를 들고 서둘러 시간 열차에서 내렸어요. 배낭은 과거로 가져갈 수 없어서 물품 보관소에 맡겨야만 했지요.

시간 열차의 주변은 액체 같은 얇은 막이 에워싸고 있었어요. 그것은 바로 시간 터널이었지요. 하늘이가 손가락으로 살짝 건드리자, 차가운 촉감이 느껴지면서 잔잔한 파문이 일어났어요.

뿌우우우우욱! 시간 열차가 천천히 움직이면서 시간 터널도 함께 흔들렸어요. 시간 열차의 꽁무니가 저만큼 멀어졌을 때 철썩, 하는 소리와 함께 시간 터널이 갑자기 흔적도 없이 사라져 버렸지요. 그리고 하늘이와 아빠의 눈앞에 느닷없이 수많은 고

**괴나리봇짐** 길을 떠날 때에 보자기에 싸서 어깨에 메거나 드는 조그마한 짐이에요.

려 사람들이 북적거리는 광경이 펼쳐진 거예요. 잠이 덜 깼던 두 사람은 눈을 번쩍 떴지요.

"인삼 사세요! 신비의 약초, 고려 인삼이요!"

"향료가 있습니다. 중국에서 건너온 최고급 향료*예요."

그곳은 시장이었어요. 장사꾼들이 외치는 소리로 떠들썩했지요.

"잘됐다! 시장 구경도 좋은 문화 체험이야. 어서 가자."

잠이 확 달아난 아빠는 하늘이의 손을 신나게 잡아끌었어요. 시장에서는 종이, 약재, 차, 악기, 책, 가죽 등 별별 물건들을 다 팔고 있었어요. 갑자기 하늘이가 오들오들 몸을 떨었어요. 가을 바람이 차가웠거든요. 아빠는 하늘이를 품에 안았어요.

"나도 좀 춥구나. 옷감 때문이야. 시간 열차에서 빌린 이 옷은 삼베로 만든 것이거든. 하필이면 다른 옷은 다 빌려 가고 구멍 숭숭 난 삼베옷만 남을 게 뭐니."

"으…… 체험이고 뭐고, 이대로는 못 돌아다닐 것 같아요."

하늘이의 턱이 소리가 날 정도로 덜덜 떨렸어요.

"근처에 옷 가게가 있을 거야. 따뜻한 옷으로 한 벌 사 입자."

하늘이가 손가락으로 누군가를 가리키며 소리쳤어요.

"아빠! 외국인이에요! 코가 뾰족하고 머리는 금발이에요."

"어? 정말이네! 저 사람 옷차림새를 보니, 아라비아에서 왔나 봐. 지금 여긴 고려의 도읍지인 개경 시장이잖아. 개경 근처 예성강에는 벽란도라는 무역항이 있었대. 그래서 멀리 외국에서도 상인들이 많이 찾아왔다더라."

멀지 않은 곳에 옷 가게가 있었어요. 턱수염이 덥수룩한 가게

\* 고려는 금, 은, 인삼, 종이, 화문석, 부채 등을 생산해서 중국으로 수출했어요. 또 중국으로부터 약재, 자기, 비단, 차, 향료, 책, 악기 등을 수입했지요.

**아라비아** 오늘날 사우디아라비아, 쿠웨이트, 예멘 등의 나라가 있는 지역을 말해요. 대부분의 땅은 사막이고, 석유가 많이 나지요.

주인이 손님을 끌려고 손뼉을 치고 있었지요.

"쌉니다, 싸요! 두 벌 사면 덤으로 선물도 드립니다! 짝짝! 개경에서 가장 싼 집!"

"따뜻한 옷 있습니까?"

"아이고, 손님! 찬바람 부는데 삼베옷이 뭡니까? 고뿔 걸리겠소. 삼베는 값이 싸서 부담이 없지만, 꺼칠꺼칠하고 바람이 솔솔 통해 여름에나 입어야지, 겨울에는 못 입어요."

"저 옷은 뭐예요?"

하늘이가 옷 하나를 가리켰어요. 아주 부드럽고 구멍이 없어

> 고뿔 감기의 옛말. 코와 불이 합쳐서 만들어진 말이에요. 감기가 들면 코에 불이 나는 것처럼 뜨거우니까요.

따뜻해 보였어요. 화려한 꽃무늬까지 멋지게 수놓아져 있었지요.

"보는 눈은 있구나. 바다 건너온 건데……. 값이 좀 비싸야 말이지."

가게 주인은 아빠의 볼품없는 차림새를 위아래로 훑어보았어요. 하늘이는 가난뱅이 취급을 당하는 것 같아 기분이 나빴어요.

"아빠, 저 옷 사요! 고려 옷이 뭐 얼마 하겠어요?"

"그렇겠지? 이 옷 두 벌 주시오. 어떤 천으로 만든 거요?"

아빠는 옷을 매만지며 물었어요. 아기 피부처럼 촉감이 좋았지요.

"병주, 최고급 중국 비단입쇼! 귀족들이 아주 좋아하는……. 금 열 냥이요."

"금 열 냥요?"

아빠가 깜짝 놀라 되물었어요. 하늘이는 그 돈이 얼마 만큼인지 몰라 아빠를 빤히 쳐다봤어요. 주인은 팔짱을 끼면서 콧방귀를 뀌었어요.

"흥, 뭘 그리 놀라시오? 열 냥이면 작은 집 한 채 정도라는 건 알겠지요? 안 살거면 자꾸 만지지 마시오. 때가 타면 팔지도 못해요!"

아빠는 주눅이 들어서 머리를 긁적거렸어요.

"저기…… 이런 거 말고, 좀 싼 거 없나요?"

"있죠. 삼베보다는 비싸지만, 비단보다야 훨씬 싼 것!"

시끌벅적 고려의 개경 시장

**고려 모시** 고려 사람들은 옷감을 짜는 기술이 아주 뛰어났어요. 모시를 어찌나 곱게 짰던지 '가늘기가 매미 날개 같고, 꽃무늬를 모시에 놓았다'고 전해질 정도랍니다. 질이 좋은 모시를 많이 생산해 수출도 했지요.

"뭔지 모르겠지만, 추워 죽겠으니 빨리 꺼내 주세요."

주인은 하얀 옷을 꺼내 보였어요.

"모시옷입니다. 비단만큼이야 따뜻하지는 않지만, 가늘기가 매미 날개 같지 않습니까? 고려 모시는 외국에서도 알아준다고요."

"좋아요. 그거 두 벌 주세요."

아빠는 흔쾌히 결정했어요. 하늘이는 모시옷을 받아 들다 말고 불현듯 외쳤어요.

"아참, 주인아저씨! 덤은 안 주세요? 아까 두 벌 사면 덤으로 하나 준다고 했잖아요!"

가게 주인은 쓴맛을 다시더니, 먼지가 뽀얗게 앉은 털가죽을 꺼내 툭툭 털었어요.

"머리에 쓰면 아주 따뜻할 게야. 몽골에서 건너온 조바위야."

조바위를 살펴보던 아빠는 실망한 표정을 지었어요.

**조바위** 추울 때 여자가 머리에 쓰는 모자 같은 거예요.

"이건 팔다 남은 재고품 같은데……. 이거 말고는 없어요? 아직 가을인데 털모자를 쓰고 다니기도 그렇고……."

"싫으면 관두슈!"

가게 주인이 뺏으려고 하기에 아빠는 얼른 몸 뒤로 감췄어요.

"아니요. 메이드 인 몽골! 좋아요!"

아빠는 엄지손가락을 추어올리더니 하늘이의 머리에 조바위를 푹 눌러 씌웠어요. 하늘이가 코맹맹이 소리로 투덜거렸어요.

"아빠, 숨 막혀! 살려 줘요!"

# 삼베, 모시, 명주는 어떤 옷감일까요?

### 삼베

고려 말까지 우리나라는 삼베, 모시, 명주, 세 가지 옷감으로 옷을 만들어 입었어요. 삼베는 식물성 섬유예요. 삼베를 만드는 재료인 삼은 우리나라 기후, 토양, 강수량 등에 잘 맞아서 어디서나 잘 자라지요. 그래서 일반 백성이 가장 많이 사용했어요. 통풍이 잘 되어 여름철 옷감으로 적당했으며, 가난한 백성은 추운 겨울이 와도 삼베를 계속 입고 지냈지요.

### 모시

모시도 삼베처럼 식물성 섬유예요. 모시를 만드는 재료인 모시풀은 키우기가 어렵고, 아무 곳에서나 자라지 않아서 삼베처럼 누구나 많이 입지는 못하는 귀한 옷감이었어요. 모시도 여름 옷감으로 알맞았고, 겨울에 입기에는 추웠어요. 삼베와 모시는 화폐, 무역품, 조공(외국에 바치는 예물)으로도 사용되었어요. 우리나라에서는 한산 모시가 가장 우수하다고 알려져 있지요.

### 명주(비단)

삼베와 모시는 식물성 옷감이지만, 명주는 동물성 옷감이에요. 무늬를 안 넣고 짜면 명주라고 하고, 무늬를 넣고 윤기가 나게 짜면 비단이라고 하지요. 누에의 실샘(실을 뽑아내는 분비 기관)으로부터 나오는 단백질로 만드는 명주는 누에가 고치로 변하기까지 기르기가 어렵고, 또 고치에서 실을 뽑아내는 일도 어려웠어요. 그래서 일부 귀족층이나 입을 수 있었지요. 요즘은 실크 또는 본견이라고 부르기도 해요.

# 신비한 귀족 여인의 미소

진경 아씨가 들려주는 몽고풍 이야기

현재 시각 : 1364년 9월 25일 오후 10시  도착 장소 : 고려 개성

**면사포** 정확한 이름은 '몽수'. 머리에 쓰는 쓰개 치마 같은 거지요.

**아씨** 옛날에 아랫사람들이 젊은 여자를 높여 부를 때 쓰는 말이에요.

아빠와 하늘이가 옷 가게에서 나오려고 할 때, 면사포 같은 걸 쓴 아름다운 여인이 들어왔어요. 한눈에 보기에도 일반 백성처럼 보이지 않았어요. 아주 지체 높은 귀족처럼 우아한 멋을 풍겼지요.

"어이구. 진경 아씨 오셨습니까?"

가게 주인은 귀족 여인을 보자마자 허리를 굽실거리며 어쩔 줄을 몰라 했어요. 귀족 여인이 쓴 면사포는 머리부터 시작해 땅에 끌릴 정도로 길이가 길었어요. 그래서 더 신비스러워 보였지요. 귀족 여인이 지나가자, 하늘이는 코를 킁킁거렸어요.

"아빠, 어디서 향긋한 냄새가 나요."

"쉿! 저 여인에게서 나는 냄새야. 무슨 향료를 뿌렸나 봐."

귀족 여인은 면사포를 벗으면서 해맑은 미소를 지었어요. 보기만 해도 기분이 좋아지는 미소였지요.

"백저포 있나요? 아버님이 사용하실 거예요."

귀족 여인이 가게 주인에게 물었어요. 가게 주인은 방아깨비처럼 고개를 끄덕거렸어요.

"그럼요, 있습지요. 고려 최고의 백저포가 있습지요."

"배주고도 보여 주세요. 아버님에게 함께 선물하고 싶어요."

"어이구. 역시 효녀세요. 문익점 어르신은 잘 계시지요?"

"그럼요. 옷감을 만든다고 밤낮없이 연구 중이세요."

아빠는 넋을 잃고 귀족 여인의 얼굴을 바라보고 있었어요. 하늘이는 은근히 기분이 나빠졌어요.

"아빠, 뭘 그렇게 멍하니 보세요? 돌아가신 엄마가 저 하늘에서 내려다보면서 뭐라고 하시겠어요?"

"아, 아니다. 엄마 처녀 때 얼굴이랑 너무 비슷하게 생겨서 나도 모르게 그만……. 미안하구나. 얼른 가자!"

아빠는 옷값을 내려고 괴나리봇짐을 뒤졌어요. 그런데 그만 실수로 괴나리봇짐을 바닥에 떨어뜨리고 만 거예요. 봇짐 안에

**백저포** 삶아서 빛이 바랜 하얀 모시로 만든 옷을 말해요.

**배주고** 어깨끈이 달린 비단 바지예요.

**문익점** 고려 시대의 학자이자 문신으로, 공민왕 때 우리나라 최초로 목화를 들여왔어요.

있던 물건들이 바닥에 와락 쏟아졌어요.

번쩍!

갑자기 플래시가 터졌어요! 하늘이가 몰래 가져온 카메라의 셔터가 눌려진 거예요.

히힝! 히히히힝!

가게 옆에 묶어 놓았던 검은 말이 놀랐나 봐요. 별안간 땅바닥에 발을 구르면서 미친 듯이 날뛰었어요. 머리를 흔드니까 금세 고삐마저 풀려

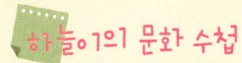

## 고려 시대 사람들은 어떤 옷을 입었을까요?

### 고려 시대 옷

고려 시대는 삼국 시대와 옷차림이 많이 달라졌어요. 가장 많이 달라진 것은 바지와 두루마기 모양이었어요. 바지는 속옷과 겉옷으로 나누어 입었어요. 날이 추우면 속바지를 입고, 날이 더우면 얇은 겉옷만 입었지요. 또한 고려 시대의 치마는 훨씬 길었어요. 치마가 길 수록 귀족이나 왕족이었다고 해요.

▶고려시대 남자 옷과 여자 옷▶

버렸어요. 말은 앞발을 높이 치켜들었어요. 옆에 있던 귀족 여인이 깜짝 놀라 뒷걸음을 치다가 그만 넘어져 버렸고, 말은 귀족 여인을 짓밟으려고 했어요.

"앗! 저러다 사람 죽겠어!"

구경꾼들 중에서 누군가가 소리쳤어요.

"안 돼!"

누군가 달려들어 귀족 여인 앞을 가로막았어요. 아빠였어요. 아빠는

### 누구나 즐겨 입은 외투 '백저포'

모시를 많이 만들어 입기 시작하면서 하얀 모시로 만든 '백저포'를 즐겨 입었어요. 백저포는 남자와 여자, 귀족과 평민 할 것 없이 누구나 입었던 옷이에요. 백저포는 요즘 입는 한복 두루마기와 비슷하게 생겼어요. 두루마기는 외투처럼 생긴 겉옷이지요. 고려 시대까지만 해도 신분에 따라 입어야 할 옷과 입지 못하는 옷을 엄격하게 정해 놓지는 않았어요. 하지만 조선 시대가 되면 옷을 마음대로 입지 못하고 자신의 신분(양반, 평민, 천민)에 맞춰 입어야 했답니다.

▲백저포

### 머리에 쓰는 '몽수'

고려 여자들은 집 밖에 나갈 때 머리에 면사포 같은 것을 썼어요. 이것을 '몽수'라고 불렀지요. 몽수는 머리 위 정수리부터 발을 덮고 땅에 끌릴 정도로 길었어요. 몽수를 쓰면 여성은 신비스러워 보였어요. 그래서 귀족 여성들은 몽수를 꼭 썼지요. 그런데 몽수는 보통 비싼 게 아니었어요. 그럼에도 불구하고 귀족 여성들은 너도나도 화려하고 비싼 몽수를 사서 쓰려고 했어요. 너무 심하게 욕심을 내서 나라에서 금지할 정도였지요.

몽수▶

말을 향해 또 한 번 카메라 플래시를 터뜨렸어요.

번쩍! 번쩍!

말은 깜짝 놀라 뒤로 물러나더니 겁을 집어먹고는 멀리 도망을 갔어요.

"저게 뭐야? 번개야?"

"요술이야! 순간적으로 눈이 멀게 만드는 요술!"

놀란 건 구경꾼들도 마찬가지였어요. 그들은 아빠와 하늘이를 수상한 눈초리로 지켜보며 수군거렸어요.

"괜찮으십니까? 어디 다친 데는 없으십니까?"

아빠는 귀족 여인을 부축해 일으켜 세웠어요. 귀족 여인은 아직도 숨을 가쁘게 내쉬었어요.

"감, 감사합니다! 제 생명을 구해 주시다니…… 저의 은인이세요. 제 이름은 진경이라고 합니다."

귀족 여인은 아빠에게 몇 번이고 고개를 숙였어요. 아빠는 쑥스러웠던지 덩달아 고개를 숙이며 인사를 했지요.

"그런데…… 아까 아버님 성함이 문익점이라고 하셨나요?"

아빠가 묻자, 진경 아씨는 고개를 끄덕였어요.

"예. 얼마 전에 서장관으로 원나라에 다녀오셨지요. 지금은 관직을 그만두시고, 새로운 옷감을 만들고 계세요."

"그 옷감이 혹시 목화에서 뽑는 것 아닙니까?"

"맞아요! 그걸 어떻게 아셨어요? 제 아버님을 아십니까?"

진경 아씨는 깜짝 놀라며 아빠의 얼굴을 살펴보았어요. 혹시나 아는 사람이 아닐까 하는 표정이었지요.

**은인** 은혜를 베풀거나 신세를 진 사람을 말해요.

**서장관** 고려 시대에 외국으로 보내던 사신의 관직. 오늘날 외교관과 비슷해요. 매우 높은 관직이었지요.

"아…… 아닙니다. 저는 아버님을 한 번도 뵌 적이 없습니다. 너무나 훌륭한 일을 하셔서 모르는 사람이 없지요."

그때 하늘이도 끼어들었어요.

"맞아요! '한국을 빛낸 100명의 위인들'이라는 노래에도 나와요! 목화씨는 문익점!"

아빠가 급히 하늘이의 입을 막았어요. 진경 아씨가 의심스러운 눈초리로 쳐다봤어요.

신비한 귀족 여인의 미소 47

"아버님이 어디에 나오신다고요? 한국은 뭐고, 백명의 위인은 또 뭐죠?"

"아, 아무것도 아닙니다. 얘가 가끔 정신이 나갔다 들어왔다 해요. 불쌍하기도 하지, 쯧쯧."

아빠는 혀를 차면서 진경 아씨 모르게 하늘이의 옆구리를 꼬집었어요. 하늘이는 입이 막혀서 소리도 지르지 못하고 몸을 이리저리 비틀었어요.

"옷감에 관심이 많으신 것 같네요. 저의 집에 가셔서 아버님을 만나시겠어요? 제 생명의 은인인데, 작은 보답이라고 하고 싶습니다."

"정말요? 문익점 선생님을 직접 만나다니 꿈만 같아요."

아빠와 하늘이는 진경 아씨를 따라 문익점의 집으로 향했어요. 그곳에서는 '우리나라 옷감의 혁명'이라고 불릴 만큼 엄청난 사건이 두 사람을 기다리고 있었어요.

문익점의 집은 지붕에 기와를 얹은 기와집이었어요. 대문을 열자, 마당에서 일을 하던 하인들이 허리를 굽히며 진경 아씨에게 인사를 했어요.

"귀한 손님들이 오셨으니, 잘 모시도록 해라. 아버님은 어디 계시느냐?"

"처가댁에 가셨어요. 장인이신 정천익 어르신을 뵙는다고요."

아씨의 물음에 하인이 대답했어요. 아빠와 하늘이는 진경 아씨를 따라 뒤뜰로 갔어요. 꽃과 나무가 가득한 아름다운 정원에 정자도 있었어요.

**혁명** 이전의 상황을 순식간에 완전히 뒤집는 큰 변화를 말해요.

**처가** 아내의 부모님이 사는 집이에요. 어린이 입장에서 보자면, 외할머니 외할아버지가 사는 외갓집이에요.

**정천익** 문익점과 함께 목화씨를 처음 키운 분이에요.

"진경 아씨! 궁금한 게 있어요."
정자에 앉자마자 하늘이가 물었어요.
"호호호! 그냥 누나라고 부르렴. 궁금한 게 뭐니?"
"누나 몸에서 좋은 냄새가 나요. 무슨 냄새예요?"
하늘이가 코를 대고 킁킁대자, 아씨는 수줍게 얼굴을 붉혔어요.
"남자 애가 별 게 다 궁금하구나. 음, 이건 향낭이란 거야."
진경 아씨는 허리에서 작은 주머니를 하나 꺼냈어요.
"이 안에 향료를 넣었어. 고려 사람들은 이걸 많이 갖고 다닌단다."

"향수 같은 거구나. 내가 사는 곳에서는 향수를 뿌리는데."

하늘이가 중얼거리자 진경 아씨가 호기심 가득한 눈으로 물었어요.

"향수? 향기 나는 물이 있어? 세상에, 대체 넌 어디서 온 거니?"

아빠는 아차 싶어 하늘이의 옆구리를 쿡 찔렀지요. 그런데도 하늘이는 신이 나서 계속 떠들었어요.

"난 대한민국에서 왔지요. 따라해 보세요. 대-한-민-국-!"

"처음 들어 보는 나라네. 호호호! 생긴 거랑 말하는 건 우리나라 사람 같은데……."

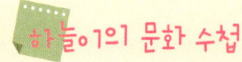

## 고려 사람들에게 좋은 냄새가 나는 까닭은?

### 향료와 향낭

고려 시대 사람들은 몸에서 향기로운 냄새가 나는 걸 좋아했어요. 그래서 향료를 몸에 바르기도 하고, 허리에 향낭이란 걸 차고 다녔지요. 향낭은 향료를 넣은 주머니예요. 향료로는 향기가 좋은 꽃이나 식물을 말려서 사용하거나, 향나무 조각을 썼어요. 또 사향노루 같은 향기가 나는 동물에게 있는 향료 주머니를 쓰기도 했고요. 천연 재료로 만든 향수라고 생각하면 되지요. 향료와 향낭은 여자만 사용한 게 아니라 남자도 사용하고 차고 다녔어요. 이러한 향낭은 조선 시대까지도 계속 사용했답니다.

▲향낭

아빠는 당황한 나머지 재빨리 말을 가로챘어요.

"얘가 또 정신이 나갔네. 하늘아, 정신 차려!"

그때 마침 남자 하인이 김이 모락모락 나는 차를 가져왔어요. 옥빛이 나는 청자 주전자와 찻잔을 상 위에 내려놓았어요.

"아버님은 아직 안 오셨느냐?"

"예. 오늘 아니 오시면, 내일 오실지도 모른다 하셨습니다."

남자 하인이 공손하게 대답했어요. 아빠는 하인을 힐끔 쳐다보면서 고개를 갸웃거렸어요. 옷은 분명 남자인데, 목소리나 행동은 여자 같았으니까요.

"눈치 채셨습니까?"

진경 아씨가 입가에 미소를 지으며 물었어요.

"혹시 여자?"

"맞습니다. 여자인데 남자 옷을 입은 겁니다. 지금 고려는 나라가 매우 어지럽고, 백성들은 힘들게 살고 있지요. 원나라가 몹시 괴롭히고 있으니까요. 원나라는 고려 여인들이 아름답다면서 해마다 많은 여인들을 강제로 끌고 가서 노예로 부리고 있습니다. 이런 여자를 공녀라고 하지요. 그래서 고려 여인들은 끌려가지 않으려고 남자로 변장을 하기도 해요. 이런 여자를 가시나라고 부르지요."

"가시나? 그런 말 쓰면 우리 반 여자 애들한테 두들겨 맞을 텐데."

하늘이가 주먹을 흔들며 신기하다는 듯이 웃었어요. 아빠가 하늘이의 입을 틀어막았어요.

**차** 고려 사람들은 차를 즐겨 마셨어요. 하지만 가격이 비싸 지금처럼 누구나 마시지는 못했지요.

**청자** 푸른빛의 자기로, 고려 시대에는 청자를 많이 만들었어요. 고려 사람들은 흙으로 옥 같은 보석을 빚으려고 했어요. 그렇게 만들어진 그릇이 고려청자인데, 세계적으로 인정받고 있어요.

**가시나** 고려의 남장 여자인 '가시나'라는 말이 변해, 오늘날 경상도와 전라도에서는 계집아이라는 뜻의 사투리로 쓰이고 있어요.

신비한 귀족 여인의 미소

"하지만, 저는 아버님이 애를 써 주신 덕분에 공녀로 끌려가지 않았지요. 고려가 오랫동안 원나라의 간섭을 받게 되자, 원나라에서 건너온 문화가 유행을 하게 되었어요. 이런 문화를 몽고풍이라고 하지요."

"몽고풍이요?"

"예. 원나라의 풍속을 고려 사람들이 따라하는 걸 말해요. 옷도 몽골 사람처럼 입고, 머리 모양도 몽골 사람처럼 깎지요. 그래서 여자들의 저고리는 점점 짧아지고, 결혼할 때는 족두리를 써요. 지금 하늘이가 쓴 조바위도 몽고풍이지요. 저기에 일하는 남자의 머리 모양 좀 보세요. 요즘 유행하는 변발이에요."

**변발** 남자의 머리를 뒷부분만 남기고 나머지 부분을 깎아 뒤로 길게 땋아 늘인 머리 모양.

진경 아씨가 누군가를 가리키며 말했어요.

"푸하하! 머리 꼴이 저게 뭐야? 돼지 꼬리도 아니고!"

하늘이가 배를 잡고 웃으며 정자 바닥을 뒹굴었어요. 아빠는 쓴웃음

## 고려는 왜 원나라의 영향을 받았을까요?

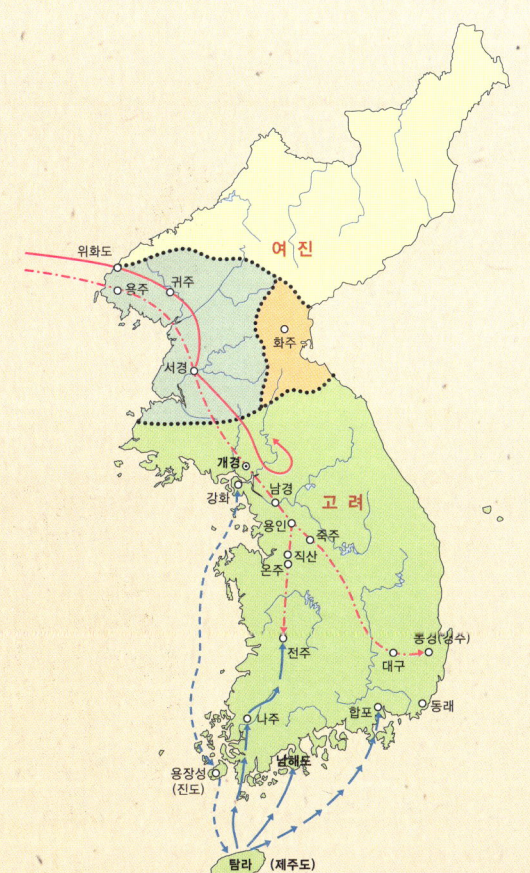

1231년, 몽골은 고려를 공격해 왔어요. 몽골은 칭기즈칸이 세운 나라지요.
30여 년 동안이나 몽골과 싸웠던 고려는 결국 전쟁에서 이기지 못하고 1259년 몽골에게 굴복하고 말았어요. 그때부터 몽골의 간섭을 받게 되었지요. 몽골은 나중에 원나라로 이름이 바뀌었어요. 고려가 전쟁에서 지자, 원나라는 강제로 원나라의 풍습을 따르게 했어요. 옷이며 장식물, 머리 모양, 음식에 이르기까지 원나라의 문화는 고려에 널리 퍼졌지요. 또 고려의 문화도 원나라로 넘어가 영향을 주었는데, 이것을 '고려풍'이라고 했어요. 원나라가 멸망할 때까지 100여 년 동안이나 고려는 원나라의 간섭을 받았어요. 원나라는 1368년에 멸망했답니다.

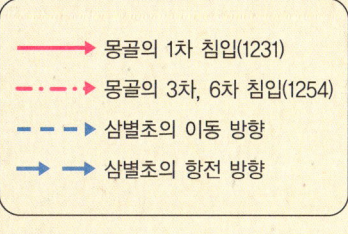

▲몽골이 쳐들어왔을 때의 고려

을 지었지요. 몽고풍이 기분 나빴나 봐요.

"하지만, 새로 왕위에 오르신 공민왕은 몽고풍을 없애 버리려고 하고 있어요. 몽골에게 빼앗긴 땅을 되찾으려고 군사를 기르고, 몽골에게 아첨하는 귀족들을 내쫓고 있지요. 머지않아 고려는 몽골에서 벗어나 다시 평화로워질 거예요."

"공민왕! 파이팅!"

하늘이가 대뜸 자리에서 일어나 외쳤어요.

"여행 중이신 것 같은데 피곤하시겠어요. 목욕도 하시고 아버님이 오실 때까지 푹 쉬도록 하세요."

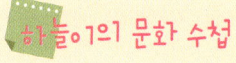

## 몽고풍은 어떤 문화일까요?

### 몽고풍의 머리 모양과 모자

몽골(원나라)의 영향을 받아 몽골의 풍속을 따르는 것을 몽고풍이라고 해요. 고려의 문화를 말할 때, 몽고풍을 빼놓을 수 없어요. 고려는 몽골의 영향을 아주 많이 받았기 때문이지요. 일반 백성들보다 왕실이나 귀족들에게 더 유행했어요. 그래서 많은 사람들이 몽골 사람들처럼 머리 모양을 변발로 하고, 댕기를 했어요. 또 겨울에는 몽골 사람들이 쓰는 조바위라는 모자를 썼어요. 조바위는 동물 털로 만든 모자예요.

 ▲변발

 조바위▶

진경 아씨는 자리에서 일어났어요. 남장을 한 하인을 따라 방으로 들어가자, 커다란 나무통에 따뜻한 물이 가득 채워져 있었어요. 하늘이와 아빠는 나무통에 몸을 푹 담그고 콧노래를 흥얼거렸어요.

"아빠, 난 옛날 사람들은 목욕을 자주 안 해서 더러울 줄 알았어요!"

"아니야. 고려 사람들은 목욕을 자주 했다고 들었어. 하루에도 서너 번씩 했대."

"하루에 서너 번요? 일 년에 서너 번이 아니고요?"

"너 같은 줄 아니? 고려 시대엔 불교를 믿었거든. 불교에서는 몸이 깨끗해야 정신도 깨끗해진다고 가르쳐. 그래서 언제나 몸을 깨끗하게 하

### 몽골에서 건너온 족두리와 은장도

여자들은 몽골 여자들이 쓰던 족두리와 옷고름에 차는 은장도를 하게 되었어요. 족두리와 은장도가 우리나라 고유의 것으로 생각하는 사람이 많지만, 사실은 몽골에서 건너온 문화랍니다. 무늬 있는 비단으로 두루마기를 만들어 입었는데, 이것도 원나라(몽골) 문화였어요.

▲은장도

▲족두리

### 모양이 바뀐 저고리

삼국 시대 여자들이 입은 저고리는 길었어요. 그런데 고려 시대부터 몽골의 여자들처럼 저고리가 짧아지기 시작했어요. 고려 말이 되자, 저고리는 아주 짧아져서 허리선까지 올라왔지요. 길이가 짧아지니까, 저고리를 두르던 허리띠는 맬 필요가 없어져 자연스럽게 없어졌어요. 그 대신 옷고름(저고리나 두루마기 앞에 달아 옷을 풀어지지 않도록 매는 끈)이 생기게 되었지요. 또 동정(옷깃 위에 붙여서 꾸미는 흰 천)을 달아 입기 시작한 것도 이때부터예요.

▲몽고풍의 여자 저고리

고, 옷차림도 단정하게 하려고 했지."

하늘이가 나무통에 동동 떠다니는 꽃잎을 들어 보였어요.

"이건 무슨 꽃이에요? 왜 넣었지?"

"복숭아 꽃잎이야. 복숭아 꽃잎 물로 목욕을 하면 피부가 아주 부드러워지거든."

"어쨌든 기분 참 좋다. 이젠 비누칠을 해 볼까? 비누는 어디 있어요?"

주변을 두리번거리며 하늘이가 비누를 찾았어요.

"고려 시대에 비누가 어디 있겠니? 여기서는 조두라는 걸 썼어. 곡식

을 갈아 만든 비누야."

아빠가 가루를 내밀었어요.

"이걸로 문질러 봐라. 때가 깨끗하게 벗겨질 거다."

하늘이는 아빠 말대로 가루로 가슴을 문질렀어요. 그러자 검은 때가 죽죽 밀려나왔지요.

"때가 아니라, 메밀국수 아니니?"

"내가 봐도 좀 심하네. 푸하하!"

하늘이가 혀를 내밀고는 크게 웃었어요.

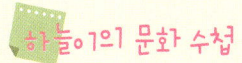

하늘이의 문화 수첩

## 비누의 조상, 비루와 조두

▲조두박

삼국 시대부터 고려 시대, 조선 시대에 이르기까지 비누 대신 '조두'라는 것을 사용해 목욕을 했어요. 조두는 녹두나 창포 등을 곱게 빻아 가루로 만들었으며, 조두박에 보관했어요. 몸을 씻을 때 이 가루를 문지르면 때가 깨끗하게 씻기면서 피부도 하얗게 되었어요.
하지만 조두는 귀족들이나 사용했고, 일반 백성들은 조두를 구하기 어려웠어요. 그래서 콩깍지 삶은 물이나 쌀겨를 무명 주머니에 넣어 얼굴을 문질렀지요. 이 가루를 더러움을 날려 보내는 가루라는 뜻으로 비루라고 불렀지요. 비루라는 말이 바뀌어 오늘날 비누가 된 거예요.

# 에 숨은 비밀

문익점이 들려주는 목화와 무명 이야기

현재 시각 : 13××년 ○월 ○일   도착 장소 : 고려 개성

그날 밤, 아빠와 하늘이는 진경 아씨가 마련해 준 방에 잠자리를 깔고 나란히 누웠어요. 눈을 감자, 하늘이의 머릿속으로 두고 온 집과 친구들과 학교에서 생활하던 모습이 영화처럼 스치고 지나갔어요. 어제까지만 해도 친구들과 컴퓨터 게임이나 하고 있었는데, 단 하루 만에 까마득하게 먼 곳으로 와 버린 거예요.

"아빠, 자요?"

"아니, 잠이 안 오네. 처음 온 곳이라 그런지, 몸은 피곤한데 머릿속은 말똥말똥하구나."

아빠가 뒤척거리자 삼베 이불이 푸석거리는 소리가 났어요.

"지금 우리가 몇 년도로 여행 온 거예요?"

"지금이 공민왕 시절이니까 고려 말기야. 1364년이지. 우리가 600년이 넘게 거슬러 올라왔구나."

"이야, 그렇게 멀리 왔어요?"

"그래. 그뿐이냐? 석기 시대 옷도 입어 보고, 고구려 무사들이 호랑이 사냥하는 것도 보았으니, 아마 70만 년쯤 문화 체험을 한 셈이야."

"하루 만에 70만 년을 살다니…….."

하늘이가 중얼거렸어요. 도무지 꿈만 같은 일이었지요. 문득 폭삭 늙어 버린 기분도 들었어요.

"아빠, 이렇게 먼 곳까지 왔는데, 잠을 자다니요. 시간이 아까워요."

아빠가 고개를 들고 하늘이 얼굴을 빤히 쳐다봤어요.

"너도 그렇게 생각하니? 나도 마침 그런 생각을 하고 있었는데."

하늘이와 아빠는 벌떡 일어나 서둘러 옷을 입었어요. 특별히 갈 데는 없었지만, 어디든 마음껏 돌아다니고 싶었던 거지요. 몰래 대문을 열고 조용히 집 밖으로 나오니 보름달이 환하게 거리를 밝혀 주고 있었어요. 얼마 걷지 않았을 때, 하늘이가 소리쳤어요.

"아빠! 눈이 왔나 봐요. 저것 봐!"

하늘이 말대로 밭에 하얗게 눈이 쌓여 있었어요. 참으로 이상했지요. 가을에 눈이 내리다니! 더구나 그 밭에만 눈이 있다니!

아빠가 다가가 자세히 살펴보니, 그건 눈이 아니었어요.

"이건 목화구나! 달빛에 비쳐 하얀 목화가 눈이 내린 것처럼 아름답게 보이는 거야."

"목화요? 노래에 나오는, 목화씨는 문익점……. 그 목화요?"

"허허허! 목화를 어찌 아시오?"

누군가 어둠 속에서 물었어요. 수염을 기른 점잖은 아저씨였지요.

"목화는 옷감을 만드는 재료 아닙니까?"

아빠가 거침없이 말하자, 아저씨는 약간 움찔했어요.

"고려에 목화가 있는 곳은 여기밖에 없소. 더구나 목화로 옷감을 짠다는 걸 아는 고려 사람은 처음 보오. 나는 문익점이라고 하오만, 그대

**첩자** 몰래 적에게 다가가 정보를 훔쳐 내 자기 편에 보고하는 사람. 스파이라고도 해요.

는 어디서 온 뉘시오?"

"앗! 문익점 아저씨다! 드디어 만났네!"

하늘이가 대뜸 소리쳤어요. 그러자 문익점은 자기 이름마저 알고 있다는 사실에 더욱 어리둥절해져서 할 말을 잃고 두 사람의 얼굴을 번갈아 쳐다봤어요.

"문 선생님, 저는 진경 아씨 덕분에 문 선생님 댁에 하룻밤 묵게 된 나그네입니다. 얘는 제 아이고요. 목화로 옷감을 짜는 연구를 하신다는 얘기는 진경 아씨에게 들었습니다."

"아! 그랬군요. 난 또 원나라에서 날 잡으러 보낸 첩자인 줄 알고, 괜한 걱정을 했소이다. 내가 딸아이한테 얘기는 들었소. 딸아이의 생명을 구해 주신 고마운 은인이시라고요. 다시 한 번 감사드리오."

문익점은 아빠의 손을 꼭 잡았어요.

눈이다!

"별말씀을 다 하십니다. 이렇게 만나 뵌 것만 해도 저희로서는 영광입니다. 그런데 이 밤중에 왜 여기 계십니까?"

"실은…… 걱정이 많아요. 삼 년 동안 고생해서 간신히 목화를 키우는 것은 성공했는데, 도무지 목화에서 어떻게 실을 뽑아 옷감을 만드는지 알 수가 없어요. 삶아 보고, 구워 보고, 볶아 보고, 별별 방법을 다 써 봤지만, 실을 뽑을 수가 없었소."

"여기서 이럴 게 아니라, 따뜻한 차나 한 잔 합시다."

두 사람은 문익점과 함께 다시 집 안으로 들어갔어요. 방 안의 등잔불을 켜자, 세 사람의 그림자가 벽으로 길게 생겼어요.

"아저씨가 우리나라에서 목화를 처음 심었다면서요? 그렇게 훌륭한 일을 하셨는데, 왜 원나라 첩자들이 잡으러 온다고 걱정하세요?"

하늘이의 눈동자가 등잔불에 비쳐 반짝반짝 빛이 났어요.

"하하하! 꼬마 손님이 호기심이 아주 많구나. 맞아, 호기심이 많아야 똑똑한 사람이 되는 법이지. 내가 목화씨를 원나라에서 몰래 훔쳐 왔기 때문이란다."

"훔쳐요? 도둑질을 했다고요?"

하늘이가 깜짝 놀라 입을 벌렸어요. 문익점은 고개를 끄덕였어요.

"그래. 그것도 나라에서 금지한 아주 큰 도둑질을 했지. 하지만, 추위에 떠는 우리나라의 헐벗은 백성들을 생각하니, 도저히 안 하고는 못 배겼다. 사실 말이지, 목화씨는 원나라 것도 아니야. 원나라도 다른 나라 것을 가져다 키운 것에 불과해. 그런데도 자기들 것인 마냥 남한테는 안 주고 혼자 쓰려고 아득바득 욕심을 부리는 거야. 우리 고려를 그렇게 괴롭히면서도, 깨알 같은 목화씨 몇 톨을 안 주려고 하다니……."

"정말 못된 것들이에요. 멀쩡한 여자들을 가시나로 만들지 않나!"

하늘이가 이를 바드득 갈았어요.

"뭐라고? 가시나라고?"

문익점 아저씨가 무슨 말인지 몰라 눈을 껌벅거렸어요.

"갖고 오기 어려우셨을 텐데, 어떻게 갖고 오신 건가요?"

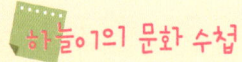

## 목화에는 어떻게 솜이 생기는 걸까요?

목화는 쌍떡잎식물이고, 한해살이풀이에요. 목화는 8월 중하순에 꽃을 피워요. 다섯 개의 꽃잎으로 말려 있어서 아주 예쁘지요. 선녀를 닮았다고 하기도 해요. 꽃이 핀 지 한 달쯤 지나면, 가을이 와요. 9월 중하순이면 꽃이 떨어져요. 꽃이 진 자리에 봉오리가 생기고, 그것이 점점 커져 갈색으로 변해요. 그러다가 서서히 벌어지면서 드디어 눈처럼 하얀 솜이 생겨나요.

목화솜은 목화씨를 감싸고 있어요. 목화솜이 생기는 이유는, 목화씨를 보호하기도 하고, 목화씨가 솜을 타고 먼 곳까지 날아가 퍼질 수 있도록 하기 위해서지요.

목화는 집에서도 화분에 기를 수가 있답니다.

아빠가 중간에서 말을 바꾸었어요. 아저씨는 원나라에서 있었던 일을 말해 주었어요.

그 얘기를 하자면, 사 년 전으로 거슬러 올라가야 해요. 그때 난 공민왕의 명을 받들어 원나라 사신으로 가게 되었지요.

그곳에서 아주 신기한 걸 발견했어요. 밭에 하얀 솜이 예쁘게 피어 있는 겁니다.

처음 보는 풀이었는데, 아주 탐스러웠어요. 농민들은 그 풀을 귀하게 여기면서 정성을 다해 키우고 있었고 그 모습만 봐도 보통 풀이 아니다, 싶었지요. 나를 안내하던 원나라 관리에게 물어보았어요.

"저게 대체 무엇이오? 약재로 쓰는 것이오?"

"목화라는 겁니다. 저걸로 솜도 만들고, 솜에서 실을 뽑아 옷도 만들지요."

"세상에! 솜에서 실이 나온다는 말입니까? 그리고 그 실로 옷을 만든다고요?"

나는 너무나 놀랐어요. 하지만, 놀라운 건 그뿐만이 아니었지요.

"허허허! 속고만 살았소? 옷감도 보통 옷감이 아니오. 촉감이 부드럽고, 비단보다도 따뜻해요. 땀도 잘 흡수하는 데다가 질기기까지 해서 잘 떨어지지도 않아요. 천이 부드러워 옷을 입으면 몸을 감싸는 게 아주 멋져 보입니다. 실을 가늘게 뽑아 곱게 짜면 비단이 안 부럽습니다. 결이 아주 곱지요."

**삭풍** 겨울에 북쪽에서 불어오는 매우 차가운 바람. 살을 에듯(도려내듯) 차갑다고 해요.

그 말을 듣자마자, 나는 고려의 겨울을 떠올렸어요.

거칠거칠하고 구멍이 숭숭 난 삼베옷을 입은 채 삭풍 속에서 벌벌 떠는 고려의 백성들을 머릿속에서 지울 수가 없었지요.

"겨울에 입기 좋겠군요?"

"그럼요. 아주 따뜻해서 겨울에 안성맞춤이지요. 또 이불이나 요에 넣으면 솜이불이 됩니다. 얼마나 포근한지 몰라요. 덮고만 있어도 잠이 솔솔 옵니다. 요즘은 누비옷이 유행이지요."

"누비옷이요?"

"천을 두 겹으로 만들어 그 사이에 목화솜을 넣고, 줄이 죽죽 지게 바느질을 하는 겁니다. 그러면 목화솜 누비옷이 되지요. 아무리 추운 겨울이라도 땀이 날 정도라니까요. 하여간, 지금 원나라에서는 최고 인기 상품이 이 목화란 말입니다. 허허허!"

"정말 효자 중의 효자 꽃이로군요!"

나는 감탄을 연발하고 말았어요.

그날 밤, 잠자리에 누워 눈을 감아도 눈앞에 목화가 어른거려 잠을 잘 수가 없었어요. 저 좋은 것을 하루라도 빨리 내 조국 고려로 가지고 가야겠다는 생각뿐이었지요. 그런데 그게 보통 어려운 일이 아니었던 거예요.

문익점은 김이 모락모락 나는 차를 따라 천천히 한 모금 마시며 말을 이었어요.

다음 날 새벽, 나는 눈을 뜨자마자 원나라 관리에게 달려갔습니다. 그리고 목화씨를 고려로 가져갈 수 있도록 해 달라고 사정했지요. 하지만 원나라 관리는 이렇게 말하면서 매몰차게 거절하더군요.

"목화는 인도가 원산지입니다. 목화가 좋다는 소문이 번지자 멀리 아라비아와 페르시아, 이집트에서까지 인도에 목화를 사러 간다고 합니다. 하지만 우리는 인도에서 목화씨를 들여와 직접 재배해 성공했지요. 그러니 목화는 원나라의 귀하디 귀한 재산이 된 겁니다. 원나라는 지금 다른 나라에 목화가 넘어가지 못하도록 엄하게 법으로 금지해 놓았습니다. 만약 목화씨를 훔쳐 가다가 적발이라도 되는 날에는 목숨마저 잃을 수 있습니다."

원나라 관리의 말을 듣자, 나는 더럭 겁이 났소. 잘못해서 잡혔다가는 먼 외국 땅에서 처형을 당할지도 모른다는 두려움이 앞섰던 거지요.

나는 밤을 새워 고민했어요. 솔직히 말하자면, 모른 척하고 그냥 고려로 돌아갈까도 싶었소. 내가 목화씨를 가져간다고 한들 누가 내게 상을 줄 것도 아니고, 내가 안 가져간다고 한들 누가 날 탓할 사람도 없었으니까요.

하지만, 겨울만 오면 추위에 벌벌 떨고 새파랗게 동상에 걸려 고생하는 고려의 아이들과 노인들을 생각하니 도무지 아무 일도 손에 잡히지 않는 거요. 잠을 자도 잔 것 같지 않고, 밥을 먹어도 먹은 것 같지 않더군요.

며칠 동안 고민하던 나는 결국 이 일은 내가 아니면 할 사람이 없다는 걸 깨닫고, 일을 벌이기로 마음먹었소. 그날 밤, 나는 몰래 목화밭에 찾아갔소. 마침 지키는 사람이 아무도 없었지요. 부들부들 떨면서 나는 간신히 목화솜 두 송이를 따서 소매 속에 감추었소. 몇 송이 더 따려고 했는데, 어디선가 발걸음 소리가 들리는 거요. 난 뒤도 안 돌아보고 부리나케 달려서 내 방으로 돌아왔소.

방문을 걸어 잠그고, 식은땀을 흘리면서 문밖을 몰래 내다봤소. 다행히 아무도 쫓아오지는 않습디다. 목화솜을 조심스럽게 매만지자, 그 속에서 깨알 같은 목화씨들을 찾아낼 수 있었소. 가장 잘 익은 씨앗 열 개를 골랐지요.

"그래서요? 그래서 어떻게 가져오셨어요?"
하늘이가 궁금한 나머지 고개를 내밀면서 물었어요.
"너 같으면 어디에 숨겨서 가져오겠니?"
문익점이 묻자, 하늘이는 머리를 긁적거렸어요.
"글쎄요. 머리카락 속? 아니면, 발가락이나 혀 밑은 어떨까요?"

"하하하! 나랑 비슷한 생각을 했구나. 나도 상투 속에 숨겨 볼 생각을 했지. 하지만 누구나 비슷한 생각을 할 테니, 쉽게 들킬 것 같았어. 몸에 숨기는 것은 위험했지. 제일 먼저 몸수색부터 할 테니까. 책상 위의 붓을 매만지며 고민하던 나는 불현듯 좋은 생각이 떠올랐단다."

"그게 뭔데요?"

문익점은 옆에 놓인 붓을 쥐더니, 붓두껍을 열어 보이며, 다음에 있었던 일을 말해 주었어요.

**상투** 장가를 간 남자들은 모두 상투를 틀었어요. 머리카락을 위로 올려서 정수리에서 묶어 맸지요.

**붓두껍** 붓에 끼워 두는 뚜껑.

바로 이거야! 붓두껍 속에 숨기면 아무도 모를 거라고 생각했단다. 내 몸을 아무리 이 잡듯이 뒤진다고 해도 누가 붓두껍을 열어 보겠나 싶었지. 그래도 혹시나 몰라 똑같이 생긴 붓을 서른 자루쯤 샀단다. 그리고 그 중 두 자루의 붓두껍에 목화씨를 다섯 개씩 모두 열 개를 조심스럽게 털어 넣었어.

다음 날, 나는 바로 고려로 출발했어. 원나라와 고려의 국경선에 다다랐을 때, 아니나 다를까 국경 수비대가 지키고 있더구나. 원나라 관리의 말대로, 고려로 가는 사람들의 몸수색을 하고 있었어. 그런데 보통 까다롭게 구는 게 아니었지. 몸 구석구석을 뒤지고 또 뒤지는 거야.

이윽고 내 차례가 되었어. 근데 심장이 너무 심하게 두근거리는 거야. 혹시나 심장 소리를 원나라 병사가 듣고서 눈치 채면 어떻게 하나, 걱정이 될 정도였어. 등줄기로는 식은땀이 흘러내렸지만, 얼굴만큼은 짐짓 태연한 척 연기를 했지.

"웬 붓을 이리 많이 샀습니까?"

병사는 서른 자루를 묶은 붓 꾸러미를 보면서 의심스러운 눈초리로 날 바라봤어.

"원나라 붓이 좋다고 소문이 나서요. 원나라에 다녀온 기념으로 아는 사람들에게 한 자루씩 선물로 주려고 합니다."

"그래요? 허허 참. 그런데 말입니다, 저번에 보니 붓두껍에 목화씨를 숨겨 가는 고려 놈이 있더란 말입니다. 정말 머리가 좋아요. 어떻게 그런 생각을 다 했나 몰라……."

병사는 그런 말을 하면서 다시 내 눈동자를 뚫어지게 바라보더구나. 나는 그 자리에서 심장이 멈추는 줄만 알았다. 그러고는 내가 아무 말 않자, 병사는 붓두껍을 하나씩 열더니 털기 시작하는 거야.

"하느님, 맙소사! 망했다!"

하늘이가 두 손을 번쩍 들더니, 자기 머리를 마구 때렸어요. 아빠가 하늘이의 두 손을 꼭 잡자 문익점은 얘기를 계속했어요.

"이제 내 인생은 여기서 끝이로구나, 싶었다. 그 자리에 주저앉아 손이 발이 되도록 빌면서 살려 달라고 애원을 해 볼 생각도 했어. 그런데 그때, 하늘이 무너져도 솟아날 구멍이 있다는 걸 알게 됐다."

"왜요? 기적이 일어났나요?"

아빠와 하늘이가 동시에 물었어요.

기적이라면 기적일 수도 있지요. 국경을 지키는 원나라 장군이 나타난 겁니다. 그 장군은 예전에 내게 신세를 진 적이 있었거든요. 내 얼굴을 알아보더니, 말에서 내려 얼른 달려옵디다.

"고려의 시장관이신 문익점 선생님 아니십니까? 여기서 뭘 하고 계십니까?"

"보시다시피 검문을 당하고 있습니다. 어머님 생명이 위독하셔서 한시라도 빨리 고려로 가야 하는데, 글쎄 선물로 산 기념 붓이 수상하다고 트집을 잡지 뭡니까? 고려의 사신에게 해도 너무하는 것 아닙니까?"

난 일부러 불만스러운 표정을 지으면서 투덜거렸어요. 그러자 장군은 그 병사에게 명령을 했지요.

"여봐라. 이분은 공민왕의 명을 받고, 서장관으로 원나라에 방문하신 귀한 분이시다. 어서 보내 드려라."

"절대 안 됩니다요. 그러잖아도 요즘 목화씨를 훔쳐 가려는 고려 놈들이 있다고, 철저하게 검문하라고 명령이 내려왔습니다요."

병사는 볼멘소리로 퉁명스레 대꾸하더니, 다시 붓두껍을 하나씩 열어 보기 시작했어요. 나는 속이 새카맣게 타들어 갔지요.

급한 마음에 나는 옷깃으로 눈물을 찍어 내는 연극을 하며, 고려를 향해 '어머니…….' 하고 울부짖으며 땅을 쳤어요. 그러자 원나라 장군은 내 모습이 너무나 측은했던지 병사를 향해 또 한 번 호통을 치는 거요.

"네 이놈! 이분은 목화씨 따위를 훔쳐 갈 분이 아니란 말이다! 네가 지금 장군의 명령을 거역할 셈이냐?"

병사는 기겁을 하고는 바닥에 납작 엎드렸소.

"아, 아닙니다요. 그게 아니오라……. 어서…… 가십시오."

나는 그렇게 원나라 장군 덕분에 무사히 국경을 넘을 수 있었소."

휴, 하고 하늘이는 한숨을 내쉬었어요.

목이 말랐는지 문익점은 차를 한 모금 마셨어요. 차는 어느새 차갑게 식어 있었지요. 문익점은 하인에게 차를 가져오라고 말했어요. 하인은 마당 한쪽에서 숯을 피워 차를 끓이기 시작했어요.

"그래서 이렇게 성공한 거군요! 역시 문익점 아저씨는 위인이셔!"

하늘이가 손뼉을 치며 좋아했어요.

"나 같은 평범한 선비더러 위인이라니? 하하하! 하늘이는 사람을 기분 좋게 만드는 재주가 있구나."

문익점은 수염을 쓰다듬으며 큰 소리로 너털웃음을 보였어요.

그때까지만 해도 나도 너처럼 모든 일이 성공한 줄로만 알았지. 하지만, 그게 아니었단다. 산 하나를 간신히 넘었더니, 그 앞에 더 큰 산들이 줄지어 서 있더구나. 목화씨 열 개를 가져온 난 장인이신 정천익 어른을 찾아가 다섯 개를 나눠 주며 말했어.

"이건 내가 목숨을 걸고 원나라에서 가져온 목화씨란 겁니다. 이걸 잘 키워서 우리 백성들에게 나누어 줘야 합니다."

난 기름진 땅을 골라 목화씨 다섯 개를 심었어. 물론 장인어른도 양지바른 땅에 다섯 개를 심었지. 나는 하인들에게 울타리를 든든하게 치고, 아무도 가까이 못 가도록 낮이고 밤이고 지키라고 했어. 특히 닭이나 새 같은 짐승을 조심하라고 시켰지. 잘못해서 쪼아 먹는 날에는 모든 게 물거품이 되니까 말이야. 난 날마다 목화밭에서 살다시피 하면서 싹이 트기를 목이 빠지도록 기다렸어.

그런데 정성을 기울인다고 모든 일이 잘되는 건 아닌가 봐. 내가 심은 다섯 개의 씨앗은 싹을 틔우기는커녕 모두 썩어 버리고 말았단다. 내가 잘 키운답시고 물과 거름을 너무 많이 줬던 거야. 난 세상이 무너지는 것처럼 슬펐단다.

나는 실낱같은 희망을 품고 처가댁으로 달려갔어. 대문을 벌컥 열고 들어가 다짜고짜 장인어른에게 물었지.

"어떻게 됐습니까? 나왔습니까?"

"뭐가 나왔단 말인가?"

방에서 책을 읽고 있던 장인어른이 깜짝 놀라 되물었어.

"목화씨 말입니다. 싹이 나왔습니까?"

"거의 다 썩어 버렸어."

"어이쿠, 맙소사! 다 실패했군요!"

난 그 자리에 힘없이 주저앉고 말았지. 그동안 고생했던 일들이 떠올라 눈물마저 핑 돌더구나.

"그런데 말일세. 딱 한 개가 싹을 틔웠네."

장인어른이 슬쩍 웃으면서 말했어.

"뭐라고요? 진작 말씀해 주셨어야지요!"

난 매우 기뻤어. 죽었던 자식이 다시 살아난 기분이었지.

장인어른과 함께 목화밭으로 달려갔더니 정말 목화 하나가 새끼손톱만큼 작은 싹을 틔우고 있는 거야. 나는 장인어른을 얼싸안고 춤을 추었단다.

"감사합니다! 하늘님, 땅님, 천지신명님, 정말 감사합니다!"

나중에야 알게 되었지만, 목화는 기름진 땅에 심으면 썩어 버리고, 물이 잘 빠지는 땅에 심어야 한다더구나. 장인어른과 나는 자식보다도 소중하게 목화를 가꿨어. 목화는 점점 자라더니 그해 가을에 드디어 하얀 솜이 열렸지. 우리는 목화솜에서 씨앗 백여 개를 수확하는 데 성공했어.

그 씨앗을 잘 말렸다가 다음 해 봄에 또 밭에 심었어. 여름이 되자, 목화밭에는 목화 수십 그루가 풍성하게 자라났지. 이제부터는 제대로 고려에 목화를 퍼뜨려야겠다고 그때 마음먹었어. 나는 마을 사람들을 불러 목화씨를 나눠 주었단다.

"여러분, 이 씨앗을 잘 키우세요. 그러면 솜이 나오고, 옷감도 나옵니다. 겨울에 따뜻하게 지낼 수 있을 거예요."

나는 씨앗을 건네며 자신 있게 말했어.

"하하하! 어르신, 농담도 잘하시네요. 씨앗에서 솜이랑 옷이랑 나온다는 소리는 듣도 보도 못했습니다요."

**천지신명** 옛날 우리 조상들은 하늘과 땅의 조화를 맡은 신을 천지신명이라고 불렀어요.

"맞아요. 도깨비장난도 아니고요."

마을 사람들은 아무도 믿으려고 하지 않았어. 나는 밭에서 따 온 목화솜을 보여 주었지.

"어르신! 갓난아기처럼 보들보들하네요! 정말 목화에서 이런 솜이 열린다는 겁니까?"

"글쎄, 그렇다니까요!"

"그런데, 어르신. 씨앗 값은 비싸겠지요? 얼마나 드려야 합니까?"

"돈은 필요 없소. 내가 공짜로 줄 테니, 열심히 키우기만 하게. 단, 조건이 있는데, 나중에 씨앗을 얻으면 다른 사람들에게도 나눠 줘야 하네."

"그러고말고요. 여부가 있겠습니까요?"

마을 사람들은 너도나도 달라고 손을 내밀었어.
머지않아 우리 마을에는 목화밭이 많이 생겨날 거야. 원나라에서 목화씨를 가져온 지 삼 년 만에 얻은 결과지.

아빠와 하늘이는 손뼉을 쳤지요.
"와! 정말 대단하십니다!"
"아저씨 짱!"
"하지만, 아직도 성공하기는 먼 것 같구나."
문익점은 긴 한숨을 쉬며 찻잔을 내려놓았어요.
"왜요? 또 무슨 걱정이라도 있으세요?"
"목화를 잘 키우는 방법은 알아냈는데, 목화솜에서 어떻게 실을 뽑아야 하는지를 모르겠어. 옷감을 만들려면 실을 뽑아야 하는데, 도무지 실이 뽑히지가 않아. 원나라에 갔을 때 이것도 알아 왔어야 했는데, 일을 서두르다 보니 그만……."
"그럼 원나라에 또 가셔야 해요?"
아빠가 묻자, 문익점은 고개를 흔들었어요.
"내가 목화씨를 훔쳐 갔다는 걸 지금쯤 알고 있을지도 몰라요. 원나라에 갔다가 잡히기라도 한다면 가만두지 않을 거요."
"아! 안타깝군요. 성공을 코앞

에 두고 주저앉아야 한다니!"

아빠는 손바닥으로 허벅지를 치며 아쉬워했어요.

"언젠가는 기필코 성공을 해야지요. 그나저나 밤이 너무 깊었습니다. 인제 그만 돌아가 쉬시지요."

문익점의 말에 아빠와 하늘이는 자리에서 일어났어요.

방으로 돌아온 두 사람은 이부자리에 나란히 누웠어요. 눈을 감자, 70만 년이라는 긴 여행의 피로가 한꺼번에 몰려왔지요. 하늘이가 졸린 목소리로 엉뚱한 소리를 했어요.

---

🌸 하늘이의 인물 탐구

## 씨앗 열 개로 역사를 바꾼 문익점

문익점(1329~1398)은 고려 말 경상남도 산청에서 태어나, 문과에 급제하고, 좌사의대부란 높은 벼슬에 오른 분이에요.

1363년, 문익점은 원나라에 사신으로 갔다가 목화씨를 가져왔지요. 하지만 공민왕을 반대하는 덕흥군의 편을 들었다가 공민왕의 미움을 받아 고국으로 돌아오자마자 그만 관리의 자리에서 쫓겨나고 말았어요. 그런데 그 일이 오히려 전화위복이 되었는지, 쫓겨나고 난 다음부터 목화씨 재배에 삼 년이 넘도록 심혈을 기울일 수 있었지요. 결국 성공을 하게 되었고요. 1440년, 문익점이 죽은 지 2년이 지난 후, 세종대왕은 문익점의 공로를 높이 사서 영의정이라는 명예 관직을 내려주었어요. 어떤 역사학자들은 문익점이 붓두껍에 목화씨를 숨겨 왔다는 것에 대해 사실이 아니라고 지적하기도 해요. 하지만, 헐벗은 백성들을 위해 목화씨를 가져와 목화를 재배하여 널리 보급시킨 일은 누구도 하지 못했던 훌륭한 업적이 분명하지요.

"실을 뽑는 게 그렇게 어려운 건가요? 잠자는 숲 속의 공주는 잘만 돌리던데……."

"잠자는 숲 속의 공주? 공주가 뭘 잘 돌려?"

"뭐더라…… 물…… 맞아…… 물레! 공주가 물레 바늘에 찔려서 잠이 들었잖아요. 그러니까 문익점 아저씨도 물레만 있으면 실을 뽑을 수 있을 텐데……."

그 소리를 들은 아빠가 자리에서 벌떡 일어났어요.

"너 지금 뭐라고 했니? 물레라고 했니?"

"네. 근데 아빠…… 너무 졸리다……."

하늘이는 중얼거리더니 베개에 고개를 푹 묻었어요. 그러고는 어느새 잠이 들어 버렸지요.

'그렇지! 물레야! 물레로 목화에서 실을 뽑는 거야!'

아빠는 아주 오래전에 박물관에서 보았던 물레를 떠올렸어요. 빙글빙글 돌리면서 실을 뽑는 도구였지요.

아빠는 책상에 종이를 놓고, 먹을 갈아 붓을 들고 그림을 그리기 시작했어요. 어렴풋이 나는 기억을 좇아 조금씩 그림을 완성해 갔어요.

'긴 막대가 있고, 손잡이가 달렸고, 자전거 바퀴처럼 생겼던데…….'

몇 장을 다시 그렸지만, 완성을 시키지는 못했어요. 오래전에 한 번 본 기억만으로 물레의 완벽한 설계도를 그린다는 것은 불가능했지요.

멀리서 새벽닭 우는 소리가 들렸어요. 어느새 창밖은 새벽이 왔는지 밝아 오고 있었어요. 아빠는 생각에 잠겼다가 그만 그 자리에 쓰러져 깊은 잠에 빠지고 말았어요.

"아빠! 일어나요! 점심때가 다 되었어요!"

"뭐? 뭐라고?"

하늘이가 깨우는 소리에 아빠는 정신을 퍼뜩 차렸어요.

"시간 열차가 몇 시에 온다더라?"

아빠는 서둘러 괴나리봇짐에서 여행 일정표를 꺼냈어요. 오전 11시에 처음 도착한 장소로 시간 열차가 도착할 것이라고 쓰여 있었지요. 여행 일정표 밑에는 다음과 같은 문구도 붉은 글씨로 쓰여 있었어요.

※주의  시간 열차는 정확한 시간에 운행합니다. 승객께서는 무슨 일이 있어도 정확하게 열차 시간을 지키시길 바랍니다. 승객의 잘못으로 열차를 놓친다면, 과거의 세계에서 현재의 세계로 영원히 돌아오지 못할 수도 있습니다.

아빠는 괴나리봇짐 속에 숨겨 놓은 손톱만큼 작은 시계를 꺼내 보았어요. 시곗바늘은 벌써 오전 10시 30분을 넘어가고 있었어요.

"큰일이야! 30분도 안 남았어!"

아빠와 하늘이는 정신없이 옷을 입고는 짐을 챙겼어요.

문을 열고 막 나서려다가, 아빠는 불현듯 책상 위의 종이를 힐끗 보았어요. 밤새 그렸던 어설픈 물레 그림이었지요.

"잠…… 잠시만!"

아빠는 붓에 먹을 묻히더니, 그림을 그린 종이에 빠르게 글을 써 내려갔어요.

"됐다! 하늘아, 달리자!"

아빠는 하늘이 손을 잡고 정신없이 뛰기 시작했어요.

"헉헉! 아빠, 문익점 아저씨랑 진경 누나한테 인사는 하고 가야지요!"

"안 돼! 미안하지만, 지금 열차를 놓치면 영영 못 돌아갈지도 몰라. 편지를 써 놨으니 이해해 주실 거야."

온몸이 땀에 흠뻑 젖을 정도로 두 사람은 뛰고 또 뛰어 처음 도착한 개경 시장에 도착했어요. 시계를 보니, 정확히 11시였지요. 시장에는 예전처럼 사람들만 북적거릴 뿐, 도무지 시간 열차가 올 낌새가 안 보였어요.

"늦은 건가? 설마 벌써 지나간 건 아니겠지?"

하늘이의 손을 잡은 아빠의 손에서 식은땀이 흘러 축축했어요. 두 사람은 목이 빠지도록 길 저편을 지켜보았어요.

그때였어요! 어디선가 한바탕 거센 바람이 밀려왔어요!

뿌우우우욱!

저만치 먼 곳에서 푸른빛이 감도는 투명한 막이 물결처럼 밀려오는가 싶더니, 아빠와 하늘이를 에워싸면서 순식간에 시간 터널이 만들어졌어요. 그 터널 속으로 시간 열차가 무서운 속도로 질주해 왔어요.

시간 열차에 올라 자리에 앉은 다음에야 아빠는 꼭 잡았던 하늘이의 손을 놓았어요.

"휴, 살았다!"

아빠의 한숨 소리가 유난히 길었어요.

"아빠, 아까 문익점 아저씨네 집에서 편지를 쓰셨잖아요."

"그래. 고맙다는 편지를 썼지. 물레도 그랬고 말이야."

"그런데 아빠. 편지를 한글로 쓰셨던데요?"

아빠는 하늘이의 얼굴을 물끄러미 쳐다보았어요.

"어이쿠! 고려 시대에는 한글이 없었지! 무슨 글자인지 읽지는 못하겠구나."

아빠는 머리를 긁적거리며 겸연쩍은 듯 하하하, 웃었어요.

한편, 같은 시각에 문익점은 진경 아씨와 함께 아빠와 하늘이가 머물던 방을 찾았어요. 두 사람은 이미 사라지고, 책상 위에 종이 한 장만 남아 있었지요. 그 종이에는 이상한 글씨가 쓰여 있었어요.

"대체 이게 무슨 무늬일까요?"

한글을 처음 본 진경 아씨는 고개를 갸우뚱하며 문익점을 바라봤어요.

"나도 이런 무늬는 처음 보는구나. 반듯반듯한 것이 예쁘기는 하다

문익점 선생님, 그리고 진경 아가씨.

갈 길이 멀어 감사 인사도 드리지 못하고 떠납니다.

이 그림은 옷감을 짜는 도구를 그려 본 것입니다. 완벽하지는 않지만,

혹시라도 문익점 선생님의 연구에 도움이 되었으면 합니다.

이 도구의 이름을 물레라고 불러 주세요.

문익점 선생님의 연구는 지금은 아무도 알아주는 사람이 없지만,

앞으로 역사에 길이 남아, 먼 미래의 사람들에게까지 영원히 기억될

것입니다.

하늘이 아빠

만……. 그리고 이 그림은 대체 무엇을 그린 것이냐?"

"아버님이랑 목화에 대해 얘기를 많이 나눴다면서요. 그렇다면, 혹시…… 목화에서 실을 뽑는 도구가 아닐까요?"

문익점의 눈동자에서 반짝 빛이 났어요.

"여봐라! 당장 나무와 못을 가져와라! 그리고 목수를 불러라!"

그날부터 문익점은 목수와 함께 그림에 그려진 대로 물레를 만들기 시작했어요. 몇 달 동안 밤을 지새우면서, 뜯고 다시 만들기를 수십 차례 거듭했어요.

어느 날 밤, 집안의 사람들이 모두 잠이 들었을 깊은 밤이었어요. 문익점의 방에서 갑자기 기쁨에 찬 목소리가 터져 나왔어요.

"나온다! 실이 나온다! 물레에서 실이 나온다!"

잠결에 문익점의 목소리를 들은 진경 아씨가 버선발로 달려갔어요.

## 목화로 만든 무명은 어떤 옷감일까요?

### 고마운 옷감 '무명'

무명은 참으로 고마운 옷감이에요. 비싼 명주를 입을 수 없던 가난한 일반 백성에게 큰 도움이 되었어요. 우리나라에 무명이 들어오기 전까지만 해도 일반 백성들은 겨울에도 삼베를 사용했어요. 삼베옷을 몇 겹으로 껴입었지요. 이불도 삼베였기에, 삼베이불 속에 지푸라기나 머리카락, 낙엽 등을 집어넣어 조금이라도 따뜻하게 지내려고 했어요. 하지만 삼베옷이나 삼베이불로 긴 겨울을 난다는 것은 몹시 고통스러웠겠지요. 문익점이 중국으로부터 목화씨를 들여온 후 무명은 전국 방방곡곡으로 보급되었어요. 무명은 겨울에 무척 따뜻하고, 더구나 천이 부드럽고 손질하기도 쉬워요. 그래서 사계절 내내 사람들이 많이 이용하게 되었지요. 나중에는 속옷과 버선까지도 무명으로 만들 정도로 무명은 널리 사용되었어요.

▲무명

무명으로 만든 솜버선▶

### 오늘날에도 쓰이는 '무명'

요즘도 무명이 없으면 의생활이 안 될 만큼 우리는 무명을 많이 사용하고 있어요. 땀과 물기를 잘 흡수하고, 공기도 잘 통하고, 부드럽고, 감촉이 좋기 때문이에요. 그런데 요즘은 무명이라고 부르지 않고, 면이라고 부르지요. 그래서 무명이 낯설게 들리는 거예요. 지금 입은 속옷에 붙은 상표를 자세히 살펴보세요. '면 100%' 라고 적혀 있지 않나요? 이것은 다른 옷감은 전혀 섞지 않고, 무명으로만 만든 옷이라는 뜻이에요.

▲무명으로 만든 어린이 속옷

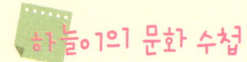 

## 씨아와 물레는 누가 만들었을까요?

### 물레

목화솜에서 씨를 가려내는 도구를 '씨아'라고 하고, 목화솜에서 실을 뽑는 도구를 '물레'라고 해요. 우리나라에서 씨아와 물레는 누가 처음 만들었을까요? 문익점은 목화 재배에는 성공했지만, 한동안 실을 자아 무명을 짜는 기술을 알지는 못했어요. 그러던 어느 해 가을, 장인어른인 정천익은 중국에서 온 홍원이라는 스님을 집으로 초대했어요. 홍원 스님은 목화에서 실을 자아 무명을 짜는 기술을 알고 있었지요. 정천익은 홍원 스님의 도움으로 씨아도 만들고, 물레도 만들었어요. 마침내 우리나라 최초로 무명을 한 필 짜서 문익점에게 가져갔지요. 문익점은 너무나 기뻐했어요. 무명 짜는 법은 금세 사람들에게 전해져 입에서 입으로 우리나라 전국으로 퍼져 나갔답니다.

▲씨아

◀물레

### 목화 시배지

문익점의 고향인 경상남도 산청에 가면, 문익점이 처음 목화 씨를 가져다가 심었던 목화 시배지가 남아 있어요. 시배지란 최초의 재배지라는 뜻이지요. 이곳에 가면 씨아와 물레를 비롯해 무명을 짜는 과정을 모두 볼 수 있지요.

▲경상남도 산청, 목화 시배지

# 장길산의 줄타기춤

### 신분에 따라 다른 옷을 입는 조선 시대

시간 열차 창밖으로 오렌지 빛깔의 물결이 파도치고 있었어요. 어젯밤에 잠을 제대로 자지 못했는지, 아빠는 코를 골며 깊은 잠에 빠져 있어요. 하늘이는 창문에 붙은 해파리처럼 물렁물렁한 핑크빛 시계를 물끄러미 바라보았어요.

'문익점 아저씨랑 진경 누나를 또 만날 수 있을까?'

하늘이는 인사도 못하고 도망치듯 나온 게 못내 마음에 걸렸어요. 더구나 한글도 모르는 사람들에게 한글 편지와 자전거 바퀴 같은 이상한 그림까지 남겨 놓았잖아요.

'우릴 얼마나 웃기고 엉뚱한 사람으로 생각하겠어?'

다음에 다시 만나면 반드시 이유를 설명하고 싶었어요. 하지만, 영원히 못 만날 것 같았고, 하늘이는 그게 더 속상했던 거예요.

아빠의 주머니에서 여행 일정표를 꺼내 보았어요. 다음 여행지는 조선 시대였지요. 고려 시대에는 옷을 잘못 골라 추위에 덜덜 떠는 고생을 했지만 이번에는 미리 준비해야겠다고 마음먹었어요.

"아빠! 옷 빌리러 가요!"

몇 번을 흔들어 깨웠지만, 코만 드르렁 골 뿐 도무지 일어날 기미를 보이지 않았어요. 할 수 없이 하늘이는 혼자서 복장 대여소를 찾아가기로 했어요. 조선 시대의 옷 방에 들어가자, 고려 시대보다 훨씬 종류도 많고, 옷도 화려했어요. 하늘이는 가장 예쁘고 화려한 옷을 골랐어요. 하얀 바지와 저고리도 입고, 옥색 두루마기도 걸쳤지요.

### 하늘이의 문화 수첩

## 조선 시대의 어린이들은 어떤 옷을 입었을까요?

### 남자들의 머리쓰개 '복건'

남자들이 머리에 쓰는 쓰개예요. 검은색인데, 위는 둥글고 삐죽해요. 뒤에는 옷자락이 길게 늘어지고, 양옆에 끈이 있어서 뒤로 돌려 맸어요. 결혼을 하지 않은 어린 남자들이 주로 썼으며, 요즘은 돌날에 어린아이들이 써요.

▲복건

### 사규삼

결혼을 하지 않은 양반집 남자 아이는 땋은 머리에 복건을 쓰고, 사규삼을 입었지요. 사규삼은 두루마기 위에 입는 거예요. 소매가 넓고, 무늬가 없어요. 옷자락이 세 개로 나뉘었고, 옆선은 트였어요. 소매 끝에는 화려한 무늬로 금박을 하기도 해요.

사규삼▶

그런데 독특하게 생긴 물건이 있었어요. 모자처럼 생겼는데, 제비처럼 긴 꼬리가 달린 거예요. 이름표에 복건이라고 쓰여 있었지요. 또 조끼처럼 생긴, 옆구리가 트인 옷도 있었어요. 거기엔 사규삼이란 이름표가 붙어 있었지요.

'한 세트인가? 여자 옷은 아니겠지?'

### 두루 막힌 '두루마기'

바지와 저고리 위에 겉옷으로 두루마기를 입었어요. 옷자락이 무릎까지 내려오며, 집 밖으로 외출을 할 때 입었지요. 두루마기는 '트인 부분이 없이 두루 막힌 옷'이란 뜻이에요. 또 소매가 넓지 않아 활동하기에 편해요.

▲두루마기

### 소매가 없는 제복 '쾌자'

양쪽 소매가 없고, 앞은 끈으로 여미게 되어 있어요. 중심선이 허리까지 길게 트여 있지요. 요즘은 돌이나 명절 때 어린이들이 입어요. 그래서 옛날에도 어린이들이 입었을 거라 생각하기 쉽지요. 하지만, 옛날에는 어린이 옷이 아니라, 군인이나 관리가 입었던 제복이었어요.

쾌자▶

하늘이는 댕기 가발을 쓰고, 복건과 사규삼을 입었어요. 그러고는 허리끈을 질끈 동여매고는 거울 앞에 섰지요.

'어라? 꽤 잘 어울리는데!'

그때, 스피커에서 여자 안내원의 목소리가 낭랑하게 울려 퍼졌어요.

"잠시 후에 조선 시대, 조선 시대에 도착합니다. 내리실 승객 여러분께서는 미리 준비하여 주시기 바랍니다."

'앗! 늦었나 봐!'

하늘이는 아빠 옷을 대충 찾고는 허둥지둥 달렸어요. 그런데 승객들이 복도를 꽉 채운 거예요. 급한 마음에 어른들 틈바구니를 있는 힘을 다해 비집고 나갔어요. 하지만, 앞으로 거의 갈 수 없었지요.

현재 시각 : 15××년 ○월 ○일
도착 장소 : 조선 개성

어느새 시간 열차는 조선 시대에 정차했어요.

'어쩌지? 아빠가 많이 기다릴 텐데……. 혼자 내렸으면 어떡해!'

승객들이 우르르 내렸어요. 하늘이는 정신없이 달렸어요. 그런데 아빠가 앉았던 좌석은 텅 비어 있고, 아빠가 없는 거예요! 하늘이는 가슴이 철렁 내려앉았어요.

시간 열차는 다시 움직이기 시작했어요. 당황한 하늘이는 주위를 두리번거리며 앞만 보고 달리기 시작했어요. 그렇지만 어디에도 아빠는 보이지 않았어요. 눈물이 왈칵 쏟아질 것만 같았지요.

쿵, 쿵, 쿵!

누군가 창문 두드리는 소리가 났어요.

"하늘아! 여기야, 여기!"

아빠가 시간 열차 밖에서 창문을 세게 두드리고 있었어요. 하늘이를 찾으려고 열차 밖으로 내렸나 봐요.

하늘이는 열차 문 쪽으로 뛰어갔어요. 열차는 벌써 속도를 내기 시작했어요. 뛰어내리기에는 너무 무서웠지요.

하늘이는 얼굴이 벌겋게 되어 발을 동동 굴렀어요.

"하늘아! 아빠 믿지?"

하늘이는 울먹이면서 고개를 끄덕였어요.

"눈 감아! 그리고 뛰어!"

하늘이는 눈을 질끈 감았어요. 그리고 아빠를 향해 몸을 날렸어요.

순간, 회오리바람이 세차게 불어왔어요. 회오리바람이 한복 속으로 들어와 풍선처럼 부풀었지요. 문득 하늘이는 자기에게 혹시 날개가 달린 것이 아닌가 착각했어요. 시규삼과 복건이 회오리바람에 날리며 날개처럼 펄럭거렸으니까요.

아빠는 두 팔을 벌려 하늘

이를 품에 안았어요. 아빠의 품에서 바라본 조선 시대의 봄 하늘은 너무나 푸르고, 눈이 부셨어요.

"예쁴 한복을 골랐구나! 양반집 도령 같다!"

"아빠도 이 옷으로 갈아입으세요."

하늘이는 손에 꼭 쥐고 있던 아빠 옷을 내밀었어요. 아빠는 풀숲으로 들어가 옷을 갈아입고 나왔어요.

**도령** 결혼을 하지 않은 총각을 높여서 부르는 말.

  하늘이의 문화 수첩

## 한복에 옷고름이 생긴 까닭은?

### 저고리가 짧아지고 옷고름이 생겼어요

삼국 시대에는 윗옷이 길었어요. 고려 시대에는 태권도 도복처럼 엉덩이를 살짝 덮을 정도였지요. 그래서 옷이 풀어지지 않도록 허리에 끈을 묶었어요. 그런데 조선 시대가 되자, 저고리는 더 짧아져 허리 위로 올라왔어요. 더 이상 허리에 끈을 묶을 수가 없었지요. 그래서 허리끈 대신 고름이 생긴 거예요. 또 옷을 여미기 편하게 끈으로 묶는 매듭단추라는 것도 생겼어요.

▲삼국 시대 저고리

▲고려 시대 저고리

▲조선 시대 저고리

그런데 아빠 모습이 너무 웃기는 거예요. 바지는 너무 짧아 발목이 훤히 드러나 보였고, 저고리는 팔뚝까지 올라가 있는 거예요. 더구나 가슴팍에는 얼룩덜룩 때까지 묻어 있지 뭐예요.

"이거…… 너무 작고 볼품없는걸?"

아빠는 옷고름을 나비 모양으로 묶으면서 실망한 표정을 지었어요.

**옷고름** 저고리나 두루마기 앞에 단 긴 천. 옷자락이 풀어지지 않도록 여밀 때 사용했어요.

## 우리 옷, 한복의 변신

한복은 우리 조상들이 입었던 옷을 말해요. 지금의 한복은 맨 처음 우리 조상이 입었던 옷과 많이 다른 모습이었어요. 처음에는 긴 저고리에 바지를 입기도 했지요. 이렇게 여러 가지로 변하면서 지금의 모습이 되었답니다.

▲삼국 시대 한복

▲고려 시대 한복

▲조선 시대 한복

"너무 급하게 고르다 보니 그만……."

하늘이는 웃음을 못 참고 픽 웃고 말았어요.

"그런데 아빠, 조선 시대는 고려 시대랑 옷 모양이 좀 다른 것 같아요. 바지 모양은 비슷한데, 저고리 모양은 많이 달라요."

"그래. 삼국 시대에는 저고리가 허벅지까지 내려올 만큼 길었잖아. 고려 시대에는 허리까지 오더니, 조선 시대가 되니 허리위로 올라오는구나. 허리에 두르던 띠도 없어지고, 대신 고름이 생겼어."

하늘이는 아빠의 옷을 매만져 보았어요.

"그래도 삼베옷보다는 따뜻해 보이잖아요. 까칠까칠하지도 않고……."

"그래. 이게 무명이야. 문익점 선생님이 목화로 만들려던 바로 그 옷감 말이다. 조선 시대에는 무명옷을 많이 입었다고 하더니 사실이로구

나."

"우와! 문익점 아저씨가 성공한 거네요! 설마, 아빠가 남겨 놓은 그림을 보고 물레를 완성한 건 아니겠지요?"

하늘이는 손뼉을 치며 좋아했어요.

"하하하! 그렇겠지. 그나저나 아빠 옷은 꼭 종 옷 같구나. 상투까지 하지 않아서 더 그렇게 보일 거야*."

"종이요?"

"그래. 노비 말이다. 그러니 다른 사람들이 앞에선 아빠라고 부르지 마라. 지체 높은 양반집 도령이 종에게 아빠라고 부르면 수상하게 여길 거야.

종 노예와 같은 거예요. 자유가 없고, 재산처럼 여겨져서, 사고 팔 수 있었어요.

* 남자가 장가를 가거나 성인이 되면 상투를 만들었어요. 그러나 노비는 상투를 못하게 했지요.

**신분 제도** 조선 시대는 신분을 크게 네 가지로 나뉘었어요. 가장 높은 양반, 그 밑에는 중인, 상민, 그리고 노비인 천인이 있었어요.

**우마차** 소나 말이 끄는 마차를 말해요.

**백의민족** 우리나라 민족이 흰색 옷을 좋아하고, 즐겨 입었다는 뜻으로 붙여진 이름이에요.

**상민** 양반이 아닌 일반 백성들. 농민이나 수공업자, 장사를 하는 자유인이에요.

조선은 신분 제도가 엄격한 사회거든."

"그러니까 내가 윗사람이고, 아빠는 아랫사람이란 거죠?"

하늘이가 어깨를 으쓱하면서 재미있다는 듯이 웃었어요.

"그렇다니까! 옷차림 때문이니까 괜히 폼 잡지 마."

나지막한 담장을 두른 초가집들 사이로 얼마쯤 걸어가자, 사람들과 우마차가 북적이는 큰 거리가 나왔어요.

조선 시대 사람들의 옷은 고려 시대보다 훨씬 화려해 보였어요. 아이들과 여자들은 진하고 화려한 색깔의 옷을 입었고, 남자들은 그보다는 연한 색깔의 옷을 입고 있었어요.

"우리 민족은 백의민족이라고 배웠는데, 아니네요?"

하늘이가 얼마쯤 떨어져 걷는 아빠를 돌아보며 물었어요. 아빠가 주변을 두리번거리더니 귓속말로 속삭였어요.

"우리 조상이라고 흰옷만 입었겠어? 멋을 내려는 건 예나 지금이나 똑같아. 잘 봐, 이제부터 아빠가 초능력을 보일 테니."

하늘이는 눈을 반짝였어요.

"아빠는 옷만 보고도 그 사람이 어떤 사람인지 알 수 있어."

"말도 안 돼!"

"정말이래도. 저 남자 보이지? 저 남자는 양반이고, 저 아저씨는 상민이야. 그리고 노란색 치마를 입은 저 여인은 양반이고, 무늬가 없는 민치마를 입은 저 아줌마는 상민이야. 내 말이 틀렸다면, 네가 사 달라는 것 다 사 주마."

"정말이에요? 가서 물어볼게요."

하늘이는 달려가서 한 명씩 붙잡고 물어봤어요. 그러고는 쪼

르르 달려오더니, 감탄사를 터트렸어요.

"우와! 어떻게 아셨어요? 방법이 뭐예요?"

"그 정도로 놀라긴. 직업이나 가족까지도 정확하게 맞힐 수 있는걸. 저기 가는 저 여자는 백정이야. 소나 돼지를 잡는 일을 하지. 그리고 그 옆에 서 있는 아주머니 보이지? 그 아주머니는 결혼은 했지만 아기를 낳지 않은 여자야. 또 그 뒤를 따라가는 여자는 남편이 죽어서 혼자 사는 과부야."

"거짓말! 믿을 수 없어요! 조선에 와서 도사라도 된 거예요?"

너무나 놀란 나머지 하늘이 입에서 궁금증이 마구 터져 나왔어요.

"하하하! 조선 시대 사람들의 옷차림에 대해 공부해 보렴. 그러면 웬만한 신분이나 직업, 나이 정도는 쉽게 알아맞힐 수 있어."

아빠는 팔짱을 끼면서 얼굴 가득 자신만만한 미소를 보였어요.

"옷만 보고도 신분을 알 수 있다고요? 군인이나 학생처럼 특별한 옷을 입은 것도 아닌데, 어떻게 알아요? 내가 보기엔 다 비슷한걸요?"

"조선 시대는 신분 제도가 아주 철저하고 엄격했어. 그래서 신분에 따라서 입어야 할 옷을 나라에서 정해 놓았지. 아무 옷이나 자기 마음대로 입을 수가 없었던 거야."

"옷을 입을 자유도 없었던 거예요?"

"그래. 옷 색깔이나 입는 방법까지도 나라에서 정해 준 대로 입어야 했지. 만약 그렇게 하지 않으면 벌을 받았어. 잘 봐. 노란색이나 보라색, 붉은색 옷을 입은 사람들은 모두 양반이야. 상민들은 무늬가 없는 치마를 입어야 했어."

"아! 그런 거였어요? 그럼, 백정이나 과부는 어떻게 알아낸 거예요?"

하늘이가 지나가는 사람들을 이리저리 살펴보면서 물었어요.

"여자 백정은 치맛단에 검은색 천을 대도록 했어. 또 남편이 죽은 과부는 평생 흰옷만 입어야 했지."

"그렇구나! 신분 제도라는 건 정말 너무하네요. 옷도 마음대로 입지 못하게 하다니!"

하늘이는 괜히 툴툴거리며 땅바닥에 박힌 돌을 걷어찼어요.

저만치에서 사람들이 잔뜩 모여서 웅성거리고 있었어요. 뭔가 재미난 구경거리가 있나 봐요. 하늘이는 어른들 틈을 비집고 들어갔어요.

그것은 줄타기 광대였어요. 덩더꿍 덩더꿍, 신명나는 사물놀이 장단에 맞춰 높은 동아줄 위에서 줄타기를 하고 있었어요.

"야! 남사당패로구나! 이걸 직접 볼 줄이야!"

아빠와 하늘이는 바닥에 주저앉아 넋을 놓고 바라보았어요.

광대는 한쪽 손에 부채 하나만 들고는 높은 동아줄 위를 마치 땅바닥인 것처럼 자연스럽게 뛰어놀았어요. 한 발자국 두 발자국 떼어 놓을 때마다 구경꾼들은 손뼉을 치고 환호성을 질렀어요. 떨어질 듯 떨어질 듯, 아슬아슬한 묘기를 보면서 하늘이도 손바닥에 땀이 날 정도로 짜릿했어요.

그런데 구경꾼들 사이로 얼굴이 익숙한 사람이 서 있었어요. 그 사람은 바로 시간 열차 안에서 만난 이상한 보험 사원이었어요. 하늘이는 아빠의 귀에 대고 속삭였어요.

"저기 보세요. 보험 들라고 하던 배불뚝이 아저씨가 있어요!"

"응? 어디에?"

**사물놀이** 꽹과리, 징, 장구, 북, 네 가지 타악기로 연주하는 우리나라 전통 민속악.

**남사당패** 서커스단처럼 전국을 돌아다니면서 묘기를 부려 먹고살던 사람들.

아빠는 하늘이가 가리킨 쪽을 바라보았어요. 하지만 보험 사원은 없었지요.

"잘못 봤겠지. 석기 시대로 간다고 하지 않았니?"

하늘이는 고개를 갸우뚱거렸어요. 그때, 다시 힘차게 꽹과리와 북소리가 울려 퍼졌

어요. 광대는 줄 위에서 구경꾼들에게 넙죽 큰절을 했어요.

"감사합니다! 공연이 즐거우셨다면 마음껏 엽전을 던져 주십시오."

구경꾼들은 너도나도 바닥에 깔아 놓은 돗자리 위로 동전을 던졌어요. 하늘이도 동전을 던지려고 괴나리봇짐을 찾았어요. 그런데 이게 어찌된 일일까요?

"아빠! 우리 보따리가 없어요!"

"뭐라고?"

아빠가 깜짝 놀라 자리에서 벌떡 일어났어요. 눈을 휘둥그레 뜨고 아무리 둘러보아도 괴나리봇짐은 보이지 않았어요.

"어이쿠! 이를 어째! 승차권이랑 시간표까지 모조리 들어 있는데!"

당황한 두 사람은 허둥지둥 사람들 사이를 정신없이 돌아다녔어요. 하지만, 어디에서도 괴나리봇짐은 없었어요.

"큰일 났어! 어떡해! 도둑맞았나 봐!"

두 사람은 힘없이 바닥에 털썩 주저앉았어요.

"어서 빨리 경찰에 신고해요!"

"조선 시대에 경찰이 어디 있니? 관가에 신고할 수도 있겠지만, 우리 정체가 발각될지도 몰라. 우리를 수상하게 보고, 가둘 수도 있어. 그건 너무 위험해."

아빠는 한숨을 길게 쉬었어요.

"그럼, 우린 집으로 못 돌아가는 거예요? 영영?"

하늘이는 그만 사규삼 위로 그만 굵은 눈물방울을 뚝뚝 떨구었어요.

"다른 시간 여행자를 찾아야겠어! 만나기만 한다면, 승차권 분실 신고를 해서 시간 열차에 다시 탈 수 있을 거야."

"시간 여행자를 어떻게 찾아요? 누가 시간 여행자인지 알지도 못하는데……."

하늘이는 울음을 그치지 않고 더 크게 울었어요.

어느덧 공연은 끝나고 구경꾼들은 모두 돌아갔어요. 텅 빈 공연장에는 돗자리와 줄을 걷는 광대들과 두 사람만 남았어요.

"다 끝났소. 안 돌아가시오?"

줄타기를 하던 광대가 다가와 말을 걸었어요. 어깨는 떡 벌어지고, 수염이 덥수룩하게 나 있는 굳센 체격의 청년이었어요.

"우린 보따리를 잃어버렸습니다. 보따리가 없으면 집으로 돌아가지도 못하는데……. 어떻게 찾아야 할지, 이거 원……."

아빠가 또 한 번 한숨을 길게 내쉬며 머리를 감싸 쥐었어요.

"그랬구려. 원래 사람들이 많이 모이는 곳에는 도둑이며 소매치기들이 들끓기 마련입지요. 난 황해도 남사당패 꼭두쇠 장길산이라고 하오."

"장길산요? 의적 장길산?"

아빠가 깜짝 놀라 물었어요. 하늘이는 울다 말고 퉁퉁 부은 눈으로 아빠를 슬쩍 쳐다봤어요.

"하하하! 의적이라니요? 난 그저 천대받는 천민이자 재주넘는 재인에 불과해요. 이쪽은 당신이 모시는 양반 도령인가 보구려. 지체 높으신 양반 도령님도 이렇게 우시는 걸 보니, 봇짐에 아주 귀한 물건이 들어 있었나 보오. 그나저나 어떻게 찾는다?"

장길산은 팔짱을 끼더니 턱을 매만지면서 고민을 했어요. 그러다가 뭔가 생각난 듯 손뼉을 쳤어요.

"그렇지! 물건을 훔친 도둑놈은 훔친 장소에 반드시 다시 나타난다고 들었소. 별문제 없는지 확인해 보려는 거지요. 우리 패는 당분간 여기서 공연을 계속할 생각이니, 내가 줄타기를 하다가 도둑질을 하거나 수상한 행동을 하는 놈이 있으면 잡아서 족쳐 보겠소. 이래 봬도 장산곶매의 눈을 가졌다오."

장길산은 눈을 부릅떠 보였어요. 정말 독수리처럼 매섭고 날카로워 보였지요.

"감사합니다. 내일 다시 오겠습니다."

아빠와 하늘이는 인사를 꾸벅했어요. 하늘이가 인사를 하자, 장길산은 바닥에 납작 엎드려 어쩔 줄을 몰라 했어요.

"어이구. 양반이 우리 같은 천민에게 인사를 하다니요."

"장길산 아저씨! 꼭 찾아 주셔야 해요! 우리에겐 생명 같은 거

---

**꼭두쇠** 남사당패를 이끄는 우두머리.

**의적** 의로운 도적으로 가난하고 힘없는 사람의 물건을 훔치지 않고, 부자들의 재물을 훔쳐 가난한 사람을 도와주는 도적을 말해요.

**재인** 재주를 넘거나 재미있는 말로 사람들을 웃기며 악기로 풍악을 울리는 광대를 말해요.

**장산곶매** 황해도 해주의 장산곶에 산다는 우리나라의 용맹무쌍한 매.

> **솟을대문** 기와를 얹은 대문을 말해요. 기와집의 지붕보다도 높아서, 말을 타거나 가마를 타고 그대로 들어갈 수 있을 정도였어요.

란 말이에요."

"예, 예. 걱정 붙들어 매십시오."

어느새 해는 저물어 가고 있었어요. 차가운 빗방울이 뚝뚝 떨어져 옷에 얼룩을 만들었어요.

두 사람은 비를 피할 곳을 찾다가, 어느 기와집의 솟을대문 밑에 섰어요. 비는 점점 세차게 내리더니, 하늘에 구멍이 뚫린

것처럼 마구 쏟아지기 시작했어요. 바람마저 심하게 불자, 빗물이 솟을 대문 안으로 들어왔어요.

깜깜한 어둠 속에서 두 사람은 추위에 벌벌 떨었어요. 금방이라도 뭔가 툭 튀어나올 것만 같아 너무 무서웠어요.

"배도 고프고, 너무 추워요."

하늘이는 구석에 쪼그리고 앉아 턱이 소리가 날 정도로 덜덜 떨었어요. 아빠가 하늘이를 품에 꼭 안았어요. 그래도 추위는 가시지 않았어요. 시간이 지날수록 온몸은 부들부들 더 심하게 떨려 왔어요. 머리가 어지럽고, 힘이 빠지면서, 졸음이 쏟아졌지요.

"하늘아, 하늘아! 잠들면 안 돼!"

아빠가 하늘이를 흔들었어요. 하늘이는 불덩어리처럼 뜨거웠어요.

"아빠…… 눈이…… 자꾸 감겨요."

하늘이는 아빠 품에서 물에 빠진 헝겊 인형처럼 몸이 축 처졌어요. 손가락 하나 까딱할 힘도 남아 있지 않았어요.

"하늘아! 잠들면 죽어! 정신 차려!"

아빠는 하늘이를 등에 업고, 대문을 거칠게 두드렸어요.

"여보세요! 사람 죽어요! 도와주세요!"

쿵, 쿵, 쿵! 쿵, 쿵, 쿵!

아빠가 두드리는 문소리가 하늘이이 귀에 조금씩 작아지더니, 희미하게 들렸어요. 하늘이는 그만 정신을 잃고 까무러치고 말았어요.

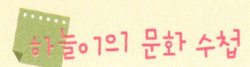 하늘이의 문화 수첩

## 직업과 신분에 따라 옷이 달라요.

조선 시대에는 신분 제도가 아주 엄격했어요. 나라에서는 신분에 따라 자신이 입어야 할 옷의 색깔이나 종류, 입는 법도 정해 놓았어요. 그래서 옷만 보아도 그 사람이 어떤 신분인지 알 수 있었지요.

### 신분에 따라 다른 치마의 모양

양반 여성의 치마는 폭이 넓고, 길이도 땅에 닿을 정도로 길었어요. 또 노란색이나 보라색, 붉은색의 화려한 무늬가 있는 치마를 입었어요.

일반 백성들은 치마가 짧았어요. 발목이 나올 정도로 짧은 치마를 '몽당치마' 라고 해요. 일을 많이 해야 했기 때문에 치마가 길면 일하기가 불편하니까 몽당치마를 입었지요. 또 짧은 치마를 걷어올려 허리에 끈으로 매기도 했어요. 일반 백성들은 노란색, 보라색, 붉은색 치마를 입지 못하게 했어요. 무늬가 하나도 없는 민치마를 입어야 했지요. 양반과 상민은 치마를 두르는 방향도 달랐답니다.

▲양반 여성의 치마

▲서민 여성의 치마

### 천민의 치맛단과 양반의 치맛단

치맛단은 치마의 가장 끝 부분을 말해요. 신분이 매우 낮은 천민은 폭이 좁고, 속바지가 앞무릎이 나올 정도로 아주 짧은 치마를 입었어요. 이걸 두루치기라고 해요. 천민 중에서도 가장 신분이 낮았던 백정(소, 돼지, 개 등을 잡는 일을 하는 사람) 여성은 치맛단에 검은색 천을 대도록 했어요. 누가 봐도 천한 백정이란 걸 알도록 한 거지요. 하지만, 양반 여성은 정반대였어요. 치마 아랫단에 금박을 찍기도 하고, 글자나 꽃무늬를 넣어 한껏 멋을 낸 스란치마를 입었어요.

▲백정 여성의 치마

## 남자의 신분을 구별하는 포

여자의 신분은 치마로 구별하지만, 남자의 신분은 포로 구별했어요. 포는 저고리 위에 입는 겉옷이에요. 포에는 도포, 창옷, 두루마기가 있어요. 이 가운데 도포와 창옷은 양반 남자가 입었고, 두루마기는 상민이 입었어요. 하지만, 조선 시대 말부터 신분 제도가 점차 사라지면서 양반이나 상민 구분 없이 누구나 두루마기를 입었어요.

## 멋을 못 내도록 한 천민

천민은 멋을 부리지 못하도록 했어요. 머리에 갓을 써서도 안 되고, 비단옷을 입어서도 안 되었지요. 가죽신도 못 신게 했어요. 여자는 비녀를 꽂아 머리를 올리지 못하게 했고, 남자는 상투를 틀지 못하게 했지요.

천민 중에서도 가장 천한 신분이었던 백정은 대나무로 만든 패랭이만 머리에 쓸 수 있었어요. 흔히 소나 돼지 같은 가축을 잡는 사람만 백정이라고 생각하지만, 백정에는 여러 직업이 있었어요. 버드나무 가지로 바구니를 엮어서 먹고사는 고리 백정, 가죽으로 신을 만드는 갖바치, 악기를 연주하거나 노래와 간단한 재주를 부리며 떠돌아다니는 재인, 칼로 죄인의 목을 자르는 망나니도 모두 백정이었어요.

▲도포

▲패랭이

## 나이에 따라 달리 입어야 하는 치마

조선 시대에는 나이나 가족 관계에 따라 다른 색의 치마를 입어야 했어요. 여자가 결혼해서 아기를 낳기 전까지는 다홍색 치마를 입었고, 중년 여성은 남색 치마를 입었어요. 그리고 늙은 여성은 옥색이나 회색 치마를 입었지요. 또 남편이 죽은 과부들은 평생 흰옷만 입어야 했어요.

◀다홍치마

# 아름다운 기생 황진이

### 양반보다 화려했던 기녀들의 옷 이야기

'엄마야? 엄마?'

저만치 멀리서 엄마로 보이는 여자가 서 있었어요. 하늘이는 열심히 달려갔어요. 그런데 다리를 아무리 움직여도 제자리인 거예요.

'엄마! 기다려! 금방 갈게!'

하늘이는 허공으로 두 팔을 저으면서 엄마를 향해 소리쳤어요. 하지만, 엄마는 점점 멀어졌어요.

'가지 마! 금방 간다니까! 엄마! 엄마아아!'

하늘이는 번쩍 눈을 떴어요. 눈앞이 안개에 싸인 듯 희미하게 아른거렸어요. 누군가의 얼굴이 보였어요. 아빠는 아니었어요.

'예쁘다…… 좋은 향기도 나고…….'

어쩌면, 정말 엄마일지도 모른다는 생각이 들었어요.

"헛소리를 심하게 하더구나."

여인은 하늘이 이마에 물수건을 올려 주었어요. 차츰차츰 여인의 얼굴이 보였어요. 처음 보는 얼굴이었지만 엄마를 닮은 것도 같아요.

'여기는 천국인가? 난 천국에 올 만큼 착한 일도 안 했는데…….'

"누, 누구세요? 여기는…… 어디에요?"

"아직 몸이 회복되지 않았으니, 푹 쉬렴. 넌 삼 일 내내 잠을 잤단다."

여인의 목소리는 따뜻하고 친절했어요.

하늘이는 몸을 일으켜 앉으려고 했어요. 하지만 끙, 소리를 내고는 다시 눕고 말았어요. 몸에 힘이 하나도 없었어요. 온몸은 땀으로 흠뻑 젖어 있었고, 머리는 어지러웠어요. 하늘이는 방 안을 두리번거렸어요. 햇살이 창호지로 만든 문으로 환하게 쏟아져 들어오고 있었고, 한쪽 벽에는 수를 놓은 병풍이 세워져 있었어요. 어디에도 아빠는 안 보였어요.

"우리 아빠는요? 아빠는 어디에 있어요?"

"아빠? 아버지? 아버지는 없었는데?"

"예? 우리 아빠가 여길 데려온 게 아니었나요? 그럼, 누가 날 여기로 데려왔어요? 여긴 어디죠? 병원인가요?"

하늘이는 걱정스러운 마음에 이것저것 생각나는 대로 마구 물어봤어요. 여인은 빙그레 웃더니 문을 열고 소리쳤어요.

"여보게, 행랑아범. 이 도령을 안고 온 머슴을 오라 하게."

잠시 후, 문밖에서 누군가 나직한 목소리로 말했어요.

"부르셨습니까?"

"잠시 들어오시오."

문을 열고 들어온 사람은 다름 아닌 아빠였어요.

"아빠! 어디 갔다가 이제 오는 거예요!"

하늘이는 자리에서 일어나 아빠에게 달려가 안겼어요. 아빠

**병풍** 방 안에 장식용이나 바람을 막기 위해 치던 직사각형의 물건을 말해요. 그림이나 글씨가 쓰여 있어요.

**창호지** 약간 노르스름한 우리나라 전통 종이로, 옛날 집은 문에 창호지라는 종이를 발랐어요.

**행랑아범** 남의 집 행랑에 얹혀살면서 그 집의 힘든 일을 하는 남자 하인을 말해요. 행랑은 대문 옆에 붙은 작은 방이에요.

는 하늘이를 꼭 안고는 눈물을 흘렸어요. 하늘이도 눈물과 콧물이 범벅이 돼 훌쩍거렸어요.

"네가 죽는 줄로만 알았다. 저분이 아니었으면, 살 수 없었을 거야."

아빠는 여인에게 몇 번이고 고맙다는 인사를 했어요. 여인은 의아한 눈빛으로 두 사람을 바라보았어요.

"머슴더러 아버지라니? 넌 양반 자제가 아니더냐? 그리고 당신이 이 도령의 아비가 맞소?"

아빠와 하늘이는 동시에 고개를 끄덕였어요.

"그런데 왜 머슴 옷을 입고 있소? 상투도 틀지 않았고. 대체 정체가 무엇이오?"

"그게…… 사실은……."

아빠는 얘기하기가 난처한 듯 머리를 긁적거렸어요. 하늘이가 대뜸 끼어들었어요.

"우리는요. 대한민국이라는 나라에서 조선 시대의 문화를 체험하러 온 건데요. 옷이 없어서 남의 걸 빌려 입은 거예요."

"대한민국이라……. 처음 들어 보는 나라로구나. 어쩐지 뭔가 다르다고 짐작하고 있었다. 네 아버지가 수염도 하나 없어서 처음에는 도망친 내시인 줄로만 알았다."

"컥! 내시라니요."

아빠가 어이가 없다는 듯이 헛기침을 했어요.

"내시가 뭐예요?"

"됐다, 물어보지 마라."

> **내시** 궁궐 안에서 왕의 옆에서 시중을 들던 남자들. 불알을 잘라 없애 버렸어요. 그래서 수염이 잘 나지 않고, 목소리가 여자처럼 가늘었어요.

아빠는 기분이 상한 듯 입을 꾹 다물었어요.

"외국인인 줄 모르고 그냥 오해한 것뿐이니, 기분 푸시오. 내 이름은 황진이라고 하오."

"황진이요? 조선에서 가장 아름답다는 기생 황진이 말이오?"

아빠의 목소리가 높아지면서 눈을 동그랗게 떴어요.

"호호호! 그렇소. 내 명성이 대한민국이란 나라에까지 퍼졌나 보구려. 기분이 나쁘지는 않군. 여긴 기생집이라 남자가 자유롭게 머무를 수 있소. 건강이 회복될 때까지 마음껏 머물다가 가시오. 볼썽사나운 머슴 옷도 벗어 버리시오. 내가 점잖은 양민의 옷으로 구해 드리리다."

"여러모로 감사합니다. 하늘아, 아빠는 장길산 아저씨를 만나러 가야겠다. 혹시 봇짐을 찾았는지도 모르잖아. 너는 몸이 나

**기생** 조선 시대에 잔치나 술자리에서 춤을 추거나 노래를 불렀던 여자를 말해요.

**기생집** 기생들이 모여서 양반 남자들에게 술과 음식을 파는 집이에요.

**양민** 조선 시대에 양반과 천민 사이의 중간 신분으로, 일반 백성을 말해요.

을 때까지 꼼짝 말고 누워 있어라."

아빠가 문을 열고 나가자, 하늘이는 다시 자리에 누웠어요. 황진이는 죽을 가져와 하늘이의 입에 몇 숟가락 떠먹여 주었어요. 하늘이는 황진이의 얼굴을 물끄러미 바라보았어요. 텔레비전에 나오는 탤런트처럼 예쁜 얼굴이라고 생각했어요.

"누나가 입은 옷, 비단 맞지요? 누나는 신분이 높은가 봐요. 조선에서는 화려한 비단옷은 양반만 입을 수 있다던데, 누나는 양반인가요?"

"기녀에게 양반이라니, 그런 소리는 처음 들어 보는구나. 기녀

**기녀** 천민이지만, 일반 여성들보다 교육을 많이 받았어요. 노래와 춤, 악기를 잘 다루었고, 또 한문을 배워 시를 지을 줄도 알았어요.

## 하늘이의 인물 탐구

### 타고난 예술가 황진이

조선 시대에 송도(지금 북한의 개성)에서 태어난 유명한 기생이자 시인이에요. 진랑 또는 명월이라고도 불렀어요. 얼굴이 너무나 아름답고, 예술에도 뛰어난 재주를 보였어요. 황진이가 기생이 된 데에는 슬픈 사연이 있어요. 황진이는 양반 집에서 태어났다고 해요. 그런데 열다섯 살 때 이웃 마을 총각이 황진이를 보자마자 첫눈에 사랑에 빠져 버렸어요. 너무나 짝사랑을 심하게 하던 나머지 총각은 결국 상사병이란 마음의 병에 걸려 죽고 말았어요. 황진이는 충격을 받고, 그 길로 나가 기생이 되었어요. 기생이 된 황진이는 빼어난 얼굴에다가 음악을 잘하고 시를 매우 잘 써서 양반들 사이에서 아주 유명해졌어요. 오늘날에도 황진이가 쓴 아름다운 시들이 전해지면서 읽히고 있답니다.

는 노비 같은 천민이야."

"천민이었어요? 그런데 양반이 입는 옷을 입어도 돼요?"

"그래. 기녀들은 양반 여자보다 훨씬 사치스럽게 살아. 조선 여자들은 자기 마음대로 옷을 입지도 못하고, 옷 색깔도 정하지 못해. 나라에서 정해 준 대로 입어야만 하지. 그런데 기녀는 다르단다. 우리는 우리 마음대로 옷을 입을 수 있어."

"와! 양반보다 더 좋은 거네요?"

하늘이가 감탄사를 내지르자, 황진이는 씁쓸하게 웃었어요.

"옷만 그럴 뿐이야. 자유가 없는 건 다른 천민이나 마찬가지란다."

### 하늘이의 문화 수첩

## 조선 시대 최고의 멋쟁이 '기녀'

### 조선 시대 유행을 이끈 기녀들의 옷

기녀는 기생이에요. 기녀는 조선 시대 최고의 멋쟁이로 불렸어요. 조선 시대 여성들은 자기 마음대로 옷을 입지 못했어요. 옷에 대한 자유도 없었던 거지요. 신분에 따라 옷을 입어야만 했지요. 그렇지만 기녀만은 달랐어요. 기녀는 자기 마음대로 옷을 입을 수 있었어요. 기녀들이 얼마나 멋을 잘 부렸는지, 양반 여성들은 기녀들이 입던 옷을 따라 입었어요. 기녀들이 입은 옷은 유행이 되어 조선 시대에 번져 나갔지요.

# 미인의 조건은  열두폭치마

황진이가 들려주는 조선 시대의 옷과 화장품 이야기

봄 햇살이 마당으로 눈부시게 쏟아지고 있었어요.

하늘이는 마루에 앉아 먼 산에 피어오르는 아지랑이를 보면서 따뜻한 햇볕을 맞고 있었어요.

황진이의 집에 머문 지도 어느덧 일주일이 지났어요. 하늘이는 거의 회복되어 이제는 외출할 수 있을 정도가 되었어요.

아빠는 새벽부터 홀로 집을 나갔어요. 봇짐을 찾으려고 이리저리 돌아다니나 봐요. 날이 저물어 어두워진 다음에야 어깨에 힘이 쭉 빠진 채 돌아왔어요. 하지만, 별다른 소득이 없었던지 하늘이에게는 아무 말도 하지 않았지요.

"화장품 사세요! 조선 최고의 화장품이 왔어요!"

대문 밖에서 어떤 아주머니가 소리쳤어요. 기녀 한 명이 얼른 달려가 문을 열어 주었어요.

"방물장수 오셨소? 오늘은 뭘 가져왔소?"

방물장수는 마루에 앉아 보따리를 풀어 보였어요. 황진이는 다른 기녀들과 함께 방물장수 곁에 둘러앉았어요.

> **방물장수** 조선 시대에는 동네마다 돌아다니며 화장품을 파는 장사꾼이 있었어요.

"이건 백분, 요건 연지, 이건 머릿기름, 그리고 이건 향수와 미안수……. 없는 거 빼고 다 있어요."

하늘이는 어깨너머로 화장품을 구경했어요.

 하늘이의 문화 수첩

## 옛날 여인들은 어떻게 화장을 했을까요?

### 언제부터 화장을 했을까요?

아주 까마득한 옛날부터이지요. 고구려의 고분인 쌍영총(북한 평안남도 용강군)에 있는 벽화를 보면, 세 명의 여인이 그려져 있어요. 그런데 이 여인들은 빨간 볼연지도 찍고, 입술도 빨갛게 색칠했어요. 또 눈썹을 초승달같이 동그스름하게 다듬었어요.

▲쌍영총의 벽화

### 신라 시대의 화장품

신라의 여인들은 자연에 있는 것들을 이용해 화장품을 만들었어요. 가장 대표적인 화장품이 백분과 연지, 미묵이에요. 백분은 얼굴에 바르면 피부가 더욱 희게 보이게 하는 화장품이에요. 쌀과 분꽃씨, 조개껍데기 등을 곱게 빻아 가루로 만든 거지요. 볼과 입술에는 붉게 보이려고 연지도 발랐어요. 연지는 홍화라는 꽃을 찧어서 가루로 만든 다음 기름에 개어 만든 거예요. 입술이 창백하면 운이 나쁘고, 붉은색을 바르면 나쁜 귀신을 쫓는다고 해서 널리 사용되었지요. 미묵은 눈썹을 그리는 화장품이에요. 미묵으로 눈썹을 짙게 보이게 했지요. 미묵은 눈썹먹(눈썹연필)이란 뜻이에요. 나무를 태워 만든 목탄으로 만들었어요.

▲홍화

▲분꽃씨

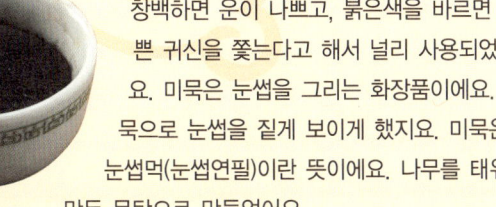
▲미묵

화장품은 지금처럼 예쁜 화장품 통에 들어 있는 게 아니었어요. 큰 통에 넣어서 달라는 만큼 덜어서 팔았어요.

"미안수 한 바가지 주세요. 보리쌀 한 되 드릴게요."

"여기 있수. 덤으로 더 드리지요."

황진이는 이런저런 화장품을 사서 방 안으로 들어왔어요.

경대 앞에 앉은 황진이는 참빗으로 머리를 빗었어요. 머리카락은 태어나서 한 번도 자르지 않았는지 다리까지 내려올 만큼 길었지요.

황진이는 머릿기름을 곱게 발라 긴 머리를 가지런하게 다듬었어요. 그러자 반지르르 윤이 나면서 아주 깔끔해졌어요.

"황진이 누나, 머리가 이렇게 길면 감기가 어렵겠어요? 얼마마다 한 번씩 감아요?"

"한 달에 한 번!"*

"헉! 일주일에 한 번도 아니고, 한 달에 한 번? 우웩, 더러워!"

하늘이는 놀란 얼굴로 황진이 곁에서 멀리 떨어졌어요. 황진이는 하늘이를 슬쩍 돌아보고는 아무렇지도 않은 듯 다시 경대를 보았어요.

"흥, 그래도 너보다는 깨끗할걸? 조선 여인들은 아침마다 참빗으로 빗고, 머릿기름으로 관리를 해 주니까. 그래서 이렇게 고운 머릿결을 가질 수 있는 거야."

황진이는 경대에서 족집게를 꺼내 하늘이에게 내밀었어요.

"이리 와서 눈썹 좀 뽑아 주렴."

하늘이는 황진이가 가리키는 대로 족집게로 눈썹을 뽑았

*조선 시대 여인들은 머리카락이 길어서 자주 머리를 감지 못했어요. 보통 한 달에 한 번쯤 머리를 감았다고 해요.

요.

"그런데 눈썹은 왜 뽑아요?"

"아얏! 얼굴이 아름답게 보이려면 이마가 넓고 반듯해야 하거든. 그래서 이마에 있는 잔머리도 뽑아야 하고, 초승달 모양의 눈썹을 만들려고 눈썹도 뽑아야 하는 거야. 앗, 따가워! 살살 좀 해라."

"얼마나 예뻐진다고 아픈 걸 참는담. 앗! 누나, 어떡해요?"

갑자기 하늘이가 족집게를 놓으면서 울상을 지었어요.

"왜?"

황진이는 경대에 얼굴을 비춰봤어요.

### 하늘이의 문화 수첩

# 천연 재료로 만든 조선 시대의 화장품들

### 하얀 피부를 만드는 백분

피부를 하얗게 보이려고 화장품을 만들어 썼어요. 쌀을 가루로 만들어 얼굴에 바르기도 했어요. 요즘으로 말하자면, 파운데이션이나 파우더 같은 거지요.
쌀가루는 얼굴에 잘 붙지도 않고 약간 비린내가 났어요. 그래서 백토(하얀 흙)와 황토(누런 흙), 활석(땅속에서 캐는 광물) 등에서 납 성분이 들어 있는 화학물질을 가루로 만들어 사용했어요. 그런데 이 화장품은 납 중독을 일으켜 여인들의 얼굴이 푸른색으로 변해 썩기도 하고, 토하고, 배가 아프고, 정신을 잃고 쓰러지기도 했어요. 예뻐지기가 정말 힘들었지요?

▶쌀가루

### 피부를 촉촉하게 한 미안수

얼굴이나 목, 손에 발라 피부를 부드럽게 하는 화장수예요. 요즘의 로션과 같은 거지요. 박의 줄기나 수세미 덩굴에서 나오는 즙으로 만들었어요. 또 창포 잎이나 복숭아 잎으로 만들기도 했지요.
요즘도 고급 한방 화장품의 재료로 수세미와 창포를 사용하고 있어요. 옛 여인들은 이미 천연 화장품을 사용하고 있었던 거예요.

▲창포

▲수세미

### 윤기가 흐르도록 해 주는 머릿기름

옛 여인들은 머리카락에서 반지르르 윤이 났어요. 머리에 머릿기름이란 걸 발랐기 때문이에요. 머릿기름은 머리카락을 가지런하게 다듬으려고 바르는 기름이에요. 동백나무의 열매에서 짠 동백기름이나 아주까리씨에서 짠 아주까리기름을 사용했어요.

▲동백나무

## 족집게와 명주실

아름답게 보이려면 넓고 반듯한 이마를 가져야 했어요. 그래서 여인들은 이마의 잔머리를 뽑았고, 초승달 모양의 눈썹을 만들려고 눈썹도 뽑았어요. 따끔거리는 걸 참아 내면서요. 그래서 족집게와 명주실을 언제나 가지고 다녔어요.

▲족집게　▲명주실

## 참빗과 얼레빗

참빗은 대나무로 만든 빗인데, 빗살이 아주 가늘고 촘촘해요. 참빗으로 머리를 빗으면 머리카락에 붙은 이물질도 다 떨어질 정도예요. 아침마다 꼭 한 번씩은 참빗으로 머리를 빗었지요. 얼레빗은 참빗과는 반대로, 빗살이 굵고 성글어요. 보통 때에는 얼레빗으로 머리를 빗었어요.

◀참빗

◀얼레빗

## 화장을 하지 마라 – 화장 금지법

조선 시대에는 나라에서 화장을 금지한 적도 있었어요. 여인들이 집 밖으로 못 다니게 하려고 한 거지요. 또 화장품도 못 팔게 했지요.
그래도 여자들은 집에서 화장품을 만들어 사용했어요. 예뻐지고 싶은 마음은 법으로도 금지할 수 없었답니다. 결국, 나라에서는 화장 금지법을 없애 버렸어요.

## 옛 여인들의 화장대, 경대

거울을 달아 세우는 화장대예요. 조선 시대 여인들은 꼭 하나씩은 갖고 있었어요. 여인들은 시간이 날 때마다 경대 앞에 앉아 몸단장을 했어요. 경대 밑에는 서랍이 달려 있어서, 화장품이나 화장 도구를 넣어 두었지요.

경대▶

"어머! 짝짝이가 됐네! 누가 이쪽 눈썹을 뽑으라고 했어!"

황진이는 눈썹을 문지르며 소리를 질렀어요. 하늘이는 미안해서 두 손으로 얼굴을 감싸 쥐었지요.

"용서해 주마. 남자 애가 뭘 알겠니? 미묵이 어디 있더라?"

황진이는 경대 안에서 검은 통을 꺼내더니 작은 붓으로 눈썹을 그렸어요. 그러자 정말 감쪽같이 눈썹이 그려졌어요. 눈썹은 초승달처럼 둥그스름했지요.

"이 누나가 조선 팔도에서 몇 손가락 안에 드는 미인이야. 잘 보렴. 얼굴 모양은 계란처럼 갸름하고, 피부는 옥같이 하얗고, 뺨은 분홍빛이 나면서 발그레하지. 또 입술은 빨간 앵두 같고, 머리카락은 숱이 많고 윤기가 흐르잖아. 조선 최고의 미인은 바로 이런 얼굴이야*."

"대한민국에서는 그런 말 하면 병에 걸렸다고 그래요."

하늘이는 눈을 지그시 내리깔며 말했어요.

"병? 무슨 병?"

"공주병이요."

황진이는 손으로 입을 가리며 크게 웃었어요.

"호호호! 나 같은 천민더러 공주라니, 기분이 나쁘지는 않는구나! 화장을 하면 더 예뻐질걸? 먼저 미안수를 바르고, 그다음에는 백분을 발라야지."

황진이는 방물장수에게서 산 미안수랑 백분을 바르고, 입술과 볼에 연지도 발랐어요. 그러자 피부는 더 하얗게 빛났고, 볼과 입술은 새색시처럼 불그스름해졌어요.

> *옛사람들이 남긴 글이나 그림을 보면, 조선 시대의 미인은 어떤 모습인지 알 수 있어요. 황진이도 아마 그런 모습이었을 거예요.

"화장하니까 정말 예뻐요."

하늘이는 두 손으로 턱을 괴고 누워 황진이를 빤히 쳐다보았어요. 화장하는 모습을 보니까, 문득 엄마가 화장했던 모습이 떠올랐어요. 엄마도 황진이처럼 예뻤다는 생각에 하늘이는 갑자기 슬퍼졌어요.

"참! 조선의 문화를 체험한다고? 요즘 어떤 옷이 유행하는지 아니?"

하늘이는 고개를 흔들었어요.

"조선 시대의 미인이라면, 저고리는 짧고 꼭 끼어야 해. 머리 모양은 구름처럼 풍성하게 부풀어 올라야 하고, 치마는 항아리처럼 둥그렇게 부푼 주름치마를 입어야 최고 멋쟁이라고 할 수 있어."

그러면서 황진이는 저고리를 꺼내 보여 주었어요.

"요즘 유행하는 저고리야. 길이가 아주 짧지? 고려 시대보다 훨씬 짧아진 거야. 소매도 아주 짧아졌어."

"팔을 들면 속살이 다 보일 거 같은데요?"

"맞아. 팔을 들면 치마와 저고리 사이가 벌어져서 겨드랑이 살이 다 보여. 그래서 겨드랑이를 가리려고 가리개용 허리띠를 매는 거야. 가리개용 허리띠는 부드러운 무명이나 명주로 만들지."

하늘이는 황진이의 저고리를 들쳐보았어요.

"그런데 누나, 대체 저고리를 몇 개나 입은 거예요?"

"세 번 입었어. 조선 시대 여자들은 옷을 여러 겹으로 겹쳐 입거든. 저고리 삼작이라고 해서, 속적삼을 입고, 그 위에 속저고리를 입고, 마지막으로 저고리를 겹쳐 입어. 그래도 치마만큼은 아니지. 치마는 일곱 개에서 여덟 개, 어떤 때는 열두 개를 겹쳐 입거든."

"치마를 열두 개나?"

# 옛사람들은 어떤 속옷을 입었을까요?

### 조선 여인들의 상의와 하의

조선 시대의 여인들은 겉옷만큼이나 속옷을 중요하게 여겼어요. 양반 여성들은 속옷을 많이 입을수록 자랑스럽게 생각했어요. 여자들은 상의로는 가장 먼저 속적삼을 입었어요. 그리고 속저고리, 저고리를 입었지요. 그 위에 배자와 두루마기를 입었고요.

여자들의 하의로는 가장 밑에 다리속곳을 입었어요. 지금으로 말하면, 팬티 같은 거지요. 그 위에 속속곳을 입었고, 그 위에 바지속곳을 입었어요. 바지속곳은 고쟁이라고도 해요. 고쟁이 위에는 단속곳을 입었지요. 단속곳은 길이가 약간 긴 바지예요. 단속곳 위에는 너른바지를 입고, 그 위에 무지개치마 또는 무지기를 입었어요. 무지기는 양반들이 입었던 속치마예요. 왕족들은 대슘치마를 입었지요. 대슘치마는 모시로 만들고, 창호지로 치맛단을 댄 치마예요. 그렇게 입은 후에야 마지막으로 치마를 입었지요.

▲조선 여인들의 상의

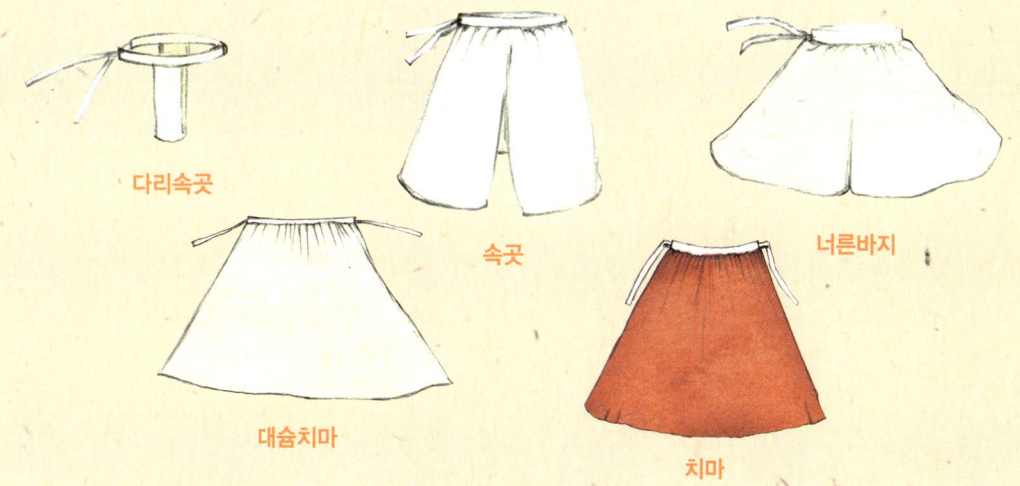

▲조선 여인들의 하의

## 조선 남성들의 옷

여성만큼은 아니지만, 남성들도 여러 벌의 옷을 입었지요.
바지 밑에는 속고의라는 속옷을 입었어요. 그리고 상의로 저고리를 입고, 버선을 신었지요.
바지 위에는 대님이라는 끈을 묶었어요. 상의로 조끼를 입고, 마고자와 두루마기를 입었지요.
겨울에는 소매 끝에 토시를 끼었어요.

▲조선 남성들의 상의와 하의

하늘이는 황진이의 치마를 보면서 깜짝 놀랐어요. 황진이는 속치마를 하나 꺼냈어요.

"호호호! 뭘 그리 놀라니? 열두 폭 치마라고 부른단다. 허리 아래를 항아리처럼 부풀게 보이려면 치마를 여러 벌 겹쳐 입어야 해. 이 치마를 봐. 이건 무지개치마라는 속치마야. 이 치마는 모시로 만들었는데, 치맛단을 여러 가지 색으로 물을 들였어. 무지개처럼 보인다고 무지개치마라고 부르는 거야. 무지기라고 부르기도 하지."

"머리는 어떻게 해야 구름처럼 부풀어요? 무스를 바르나요?"

"무스? 그런 건 없고, 우린 가발을 써."

우아!

"가발요? 대머리도 아닌데, 가발을 쓴다고요?"

"그래. 조선 여인은 머리숱이 많은 걸 좋아해. 그래서 자기 머리카락만으로는 부족하니까 가체라는 가발을 써. 조선 여인들은 너도나도 가체로 멋 부리기를 좋아한단다. 그런데 얼마 전에 가체 때문에 사람이 죽은 사건이 벌어졌어."

"가체를 훔치다가 죽었나요?"

"그게 아니야. 너무 무거워서 죽은 거지. 새로 시집간 어린 신부가 머리에 아주 큰 가체를 얹은 거야. 가체가 크면 클수록 멋쟁이거든. 신부는 시집간 첫날에 시부모님께 문안 인사로 절을 했어. 그런데 일어서다가 그만 목뼈가 뚝 하고 부러진 거야. 가체가 너무 무거웠던 거지."

"어휴! 멋 부리다가 목숨까지 잃다니!"

하늘이는 고개를 절레절레 흔들었어요.

"이 일을 계기로 나라에서 가체를 금지하려고 하는데, 여인들이 반대하고 있어. 실은 이전부터 가체의 문제점에 대해서 끊임없는 논란이 있었거든."

"머리를 길게 땋은 여자도 봤어요. 어떻게 다른 거예요?"

"결혼 안 한 여자인 거지. 처녀들은 귀 뒤로 머리를 넘겨서 길게 땋은 다음 댕기를 달아. 이걸 땋은머리라고 해. 결혼한 여자들은 나처럼 머리를 높게 올렸고. 이걸 얹은머리라고 한단다. 기생들은 결혼은 안 했지만, 얹은머리를 해. 그리고 머리에 꽂은 이건 옥비녀와 은비녀야. 양반은 옥이나 은비녀를 쓰고, 상민은 뿔비녀나 나무비녀를 사용해."

댕기 머리를 길게 땋은 후에 머리끝에 매단 자그마한 예쁜 천을 말해요.

"누나는 반지를 꼈는데, 귀걸이는 안 했네요?"

"그럼, 당연하지. 조선 사람들은 귀걸이를 안 해. 부모님이 주신 몸을 소중하게 다뤄야 한다고 유교에서 가르치잖아. 그럼에도 불구하고 귀를 뚫는 선비들이 많아서 나라에선 이러한 풍습을 없애려고 노력했지. 대신에 결혼식에서는 귀걸이를 해. 귀를 뚫지는 않고 귓불에 걸어서 사용한단다.”

"귀걸이까지도 금지하다니, 조선 시대 임금님도 참 너무하시네. 그런데 누나! 치마에 달린 동그란 건 뭐예요?"

하늘이는 치마끈 밑에 대롱대롱 달린 것을 가리켰어요.

"이건 노리개야. 예쁘지? 금이나 옥, 진주 같은 보석으로 만들어. 밑에는 실로 매듭을 단 거야."

"아주 귀한 거구나. 그 밑에 달린 건 칼이에요?"

"그래. 이건 은장도야. 한번 꺼내 볼까?"

황진이가 칼집에서 은장도를 꺼내자, 아주 작은 칼날이 번뜩였어요.

"우와! 장식품이 아니라, 진짜 칼이네요? 연필을 깎나요?"

"위험할 때 자기 몸을 보호하려고 언제나 지니고 다니는 거야. 은으로 만들어서 은장도라고 불러. 그런데 넌 정말 호기심이 많구나. 끝도 없이 물어보네. 아무래도 나보다는 훨씬 훌륭한 선생님을 소개해 줘야겠다. 누나랑 같이 나갈까?"

"앗싸! 좋아요!"

오랜만의 외출이라서 하늘이는 한껏 기분이 들떴어요.

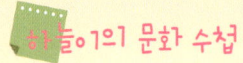 

## 옛 여인들은 어떤 장신구로 멋을 부렸을까요?

### 선사 시대의 장신구들

옛날부터 사람들은 몸을 아름답게 꾸미려고 옛날부터 장신구를 했어요. 귀걸이와 목걸이, 반지와 팔찌가 대표적이지요. 장신구는 까마득한 옛날인 신석기 시대부터 사용했어요. 조개껍데기와 동물의 뼈를 갈아 장신구로 만들었지요. 지금은 여자들이 주로 하지만, 옛날에는 남자나 여자, 어린아이, 노인 할 것 없이 누구나 했어요. 몸을 가꾸려는 것뿐만 아니라, 장신구를 하면 병에 걸리지 않거나 나쁜 일을 쫓는 신비한 힘이 생긴다고 믿었기 때문이에요.

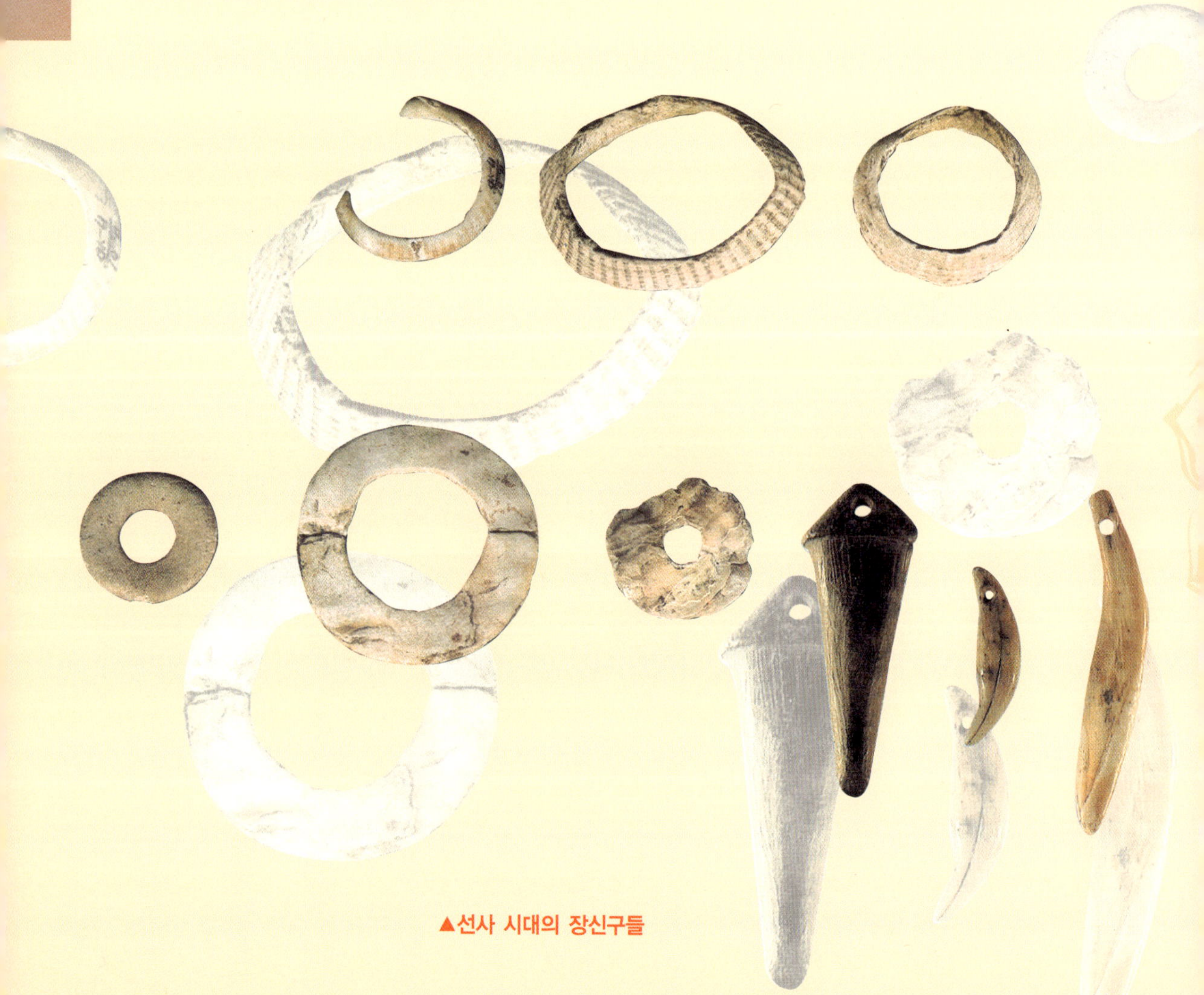

▲선사 시대의 장신구들

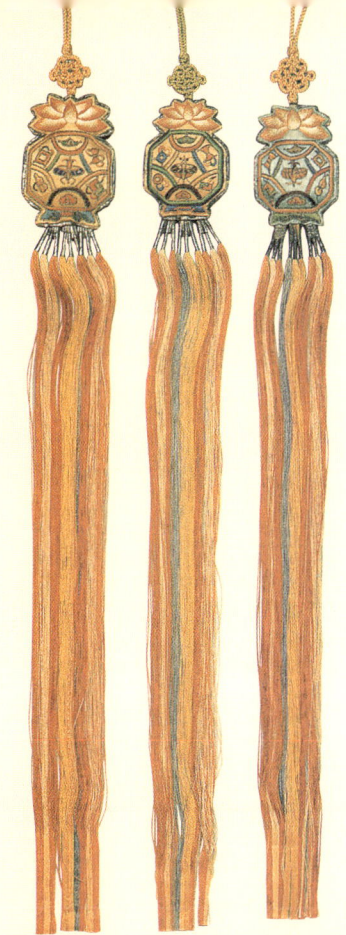

▲노리개

## 집안의 보물인 노리개

조선 시대에는 노리개를 널리 사용했어요. 여자들은 한복 저고리 고름이나 치마허리 쪽에 노리개를 달았어요.
처음에는 저고리를 여미기 위해 허리띠를 사용했는데, 허리띠에 장신구를 단 것이 발전해 노리개가 된 거예요.
노리개는 금, 은, 옥, 진주, 산호 같은 보석으로 만들고, 그 아래에는 여러 가지 색깔로 명주실이나 매듭을 달아 늘어뜨렸어요.
양반집에서는 노리개를 집안의 보물로 여겼어요. 그래서 자식에게 물려주기도 했지요.

## 결혼의 증표인 반지와 함부로 못했던 귀걸이

우리나라나 외국이나 결혼을 할 때, 결혼의 증표로 반지를 주고받아요. 옛날에는 하나로 된 걸 반지라고 부르고, 쌍으로 된 걸 가락지라고 했지요. 귀걸이는 삼국 시대부터 조선 시대 초기까지 널리 사용했어요. 여자뿐만 아니라 남자들도 귀를 뚫어 귀걸이를 주렁주렁 매달았지요. 그런데 조선 시대에 유교를 받아들이면서 귀걸이를 나라에서 금지한 거예요.

▲가락지

## 자신을 보호하는 칼인 패도

아름답게 장식한 칼인 패도를 노리개에 매달고 다니기도 했어요. 패도를 다른 말로 장도라고 하기도 해요. 은으로 만든 은장도가 유명하지요. 장도는 여자만 갖고 다닌 것으로 생각하기 쉬운데, 조선 시대에 남자나 여자가 몸에 지니고 다녔어요. 여자들은 패도를 노리개에 달거나 한복 저고리 고름에 차고 다녔어요. 위험할 때 자기 몸을 보호하고자 지니고 다녔던 거지요. 어머니가 딸에게 물려주기도 했답니다.

▲패도

## 조선 여인들의 멋 부리는 법

### 움직이면 툭 터지는 저고리

조선 시대의 저고리는 짧아도 너무 짧았어요. 몸에 아주 꽉 끼일 정도로 작았지요. 시간이 지날수록 계속 작아져 나중에는 초미니 저고리까지 등장했어요. 소매가 너무 짧아 팔꿈치를 구부리면 옷이 뜯어지기 일쑤고, 잠깐만 입어도 어깨가 불편했어요. 또 벗기도 어려워 찢어지기도 했지요. 양반 남성들은 이 초미니 저고리를 '요상하고 해괴한 옷'이라고 비판했어요. 원래 작은 저고리는 기생들이 입던 옷이었어요. 그런데 양반 여인들이 보기에는 아주 예뻤나 봐요. 유행이 번져 양반이 입고, 나중에는 상민들까지 입게 된 거지요.

▲조선 후기 짧은 여자 저고리

### 집 열 채 가격의 명품 가발

조선 시대의 여인들은 머리를 아름답게 꾸미길 좋아했어요. 그런데 자기 머리카락만으로는 모자랐던지 가체라는 가발을 사용했어요. 가체는 '가짜 머리카락'이란 뜻이지요. 가체는 진짜 사람의 머리카락으로 만든 것이라서 가격이 무척 비쌌어요. 가체 하나가 보통 집을 열 채 정도 살 가격이었다고 해요. 그런데도 양반 여성들은 너도나도 가체를 사서 머리에 얹어 멋 부리기를 좋아했어요. 사치가 너무 심하다고 비판을 해도 아랑곳하지 않았지요.

▲가체　　▲댕기머리

### 가체 대신 쓴 족두리

가체 때문에 어린 신부의 목뼈가 부러지자, 영조 임금은 가체를 모두 금지했어요. 대신 결혼식에 족두리를 쓰도록 했지요. 족두리는 금과 은, 칠보, 옥 같은 보석으로 아름답게 장식을 했어요. 지금도 결혼식에서 폐백을 드릴 때 족두리를 써요. 가체를 사용하지 않고, 자기 머리만으로 깔끔하게 다듬은 머리를 '쪽찐머리'라고 해요. 머리카락을 흘러내리지 않게 고정하려고 여인들은 비녀를 꽂았어요. 비녀는 여자들의 장신구로 오랫동안 사랑을 받았지요.

▼비녀

▲족두리　　▲쪽찐머리

# 엄마 냄새가 나는 슬픈 여인

**허난설헌이 들려주는 길쌈 이야기**

집 밖으로 나가자면서 황진이는 옥색 치마를 또 꺼냈어요.

"왜요? 치마 위에 또 입게요?"

"아니. 이렇게 머리에 쓰는 거지."

황진이는 눈만 빼꼼 내놓고 대답했어요.

"히히! 치마를 왜 머리에 쓰고 그래요?"

"조선 여자는 집 밖에 나갈 때 장옷이나 쓰개치마로 얼굴을 가려야 해. 얼굴을 드러내 놓고 다니는 건 점잖지 못한 행동이라고! 겨울에 쓰면 아주 따뜻하기도 하거든."

황진이는 얼굴만 내놓고 빙긋 웃었어요.

"그래도 그렇지, 치마는 입으라고 있는 거지 쓰라고 있는 건 아니잖아요."

하늘이는 웃음을 참지 못하고 계속 실실거렸어요.

"그렇게 웃기니? 그럼, 모자를 쓸까?"

황진이는 대나무로 만든 모자를 꺼냈어요.

"이건 전모라는 거야. 기녀들이 외출할 때 쓰는 모자인데, 대나무 테

> **한지** 닥나무를 원료로 해서 만든 우리나라 전통 종이예요.

두리에 실을 대어 모양을 만들고, 한지를 발라 만들었지."

대문을 나서서 두 사람은 앞서거니 뒤서거니 하면서 걸었어요. 하늘이는 길거리에서 정말 민망한 모습을 보았어요.

"누나! 저 아줌마 좀 봐요. 저고리가 너무 짧아서 가슴이 다 보여요! 어떻게 저러고 돌아다닐 수가 있어요?"

하늘이는 부끄러운 듯 두 손으로 눈을 가리고는 킥킥거리며 손가락 사이로 훔쳐봤어요.

"이상하니? 저건 자랑스러운 거야!"

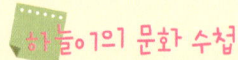
하늘이의 문화 수첩

## 조선 여인들이 머리에 뒤집어쓴 것은?

조선 시대에는 여자들을 함부로 집 밖을 나다니지 못하게 했어요. 어쩔 수 없이 집 밖으로 나가게 되면, 천민을 제외하고 모든 여자들은 얼굴 가리개를 뒤집어써서 얼굴을 가리고 다녀야 했지요. 얼굴 가리개로 양반은 장옷을 썼고, 상민은 쓰개치마를 썼어요.

### 두루마기처럼 생긴 장옷

장옷은 남자 두루마기와 비슷한 모양이었어요. 겉은 초록색 명주(누에고치에서 뽑은 실로 만든 비단)나 무명(목화로 만든 옷감)으로 만들었어요. 속은 자주색이었어요. 장옷을 쓰면 머리부터 종아리까지 내려왔어요. 그래서 몸 전체를 가릴 수 있었어요. 앞을 볼 수 있도록 얼굴만 조금 내놓고 다녔지요.

▶장옷

"에, 자랑스럽다니요? 뭐가요? 가슴이?"

"그래! 저 아줌마는 아기를 낳은 어머니란다. 그래서 자랑스러운 거야. 젊은 처녀가 저러고 다니면 절대 안 되지만, 어머니는 얼마든지 그래도 돼. 아기에게 젖을 물리기도 편하잖아*."

하늘이는 고개를 갸웃거리며 황진이의 뒤통수를 바라보았어요.

두 사람은 한참을 걸은 후에야 어느 양반집의 솟을대문 앞에 섰어요. 마침 늙은 머슴이 싸리 빗자루로 마당을 쓸고 있었어

*조선 중기부터는 아기를 낳은 여성은 가슴을 노출했어요. 처음에는 남들 보는 앞에서 아기에게 젖을 물리고는 했는데, 이것이 풍속으로 자리 잡아 나중에는 젖을 드러내게 된 거예요. 특히 아들을 낳은 어머니는 더욱 자랑스러워했지요.

**싸리 빗자루** 싸리나무 가지로 만든 빗자루. 요즘도 많이 사용하지요.

### 치마처럼 생긴 쓰개치마와 삿갓으로 만든 너울

쓰개치마는 보통 치마처럼 생겼어요. 흰색과 옥색으로 만들었어요. 보통 모시로 만들었고, 겨울에는 겹으로 입거나 솜을 넣었어요. 그러면 바람을 막아 주어 아주 따뜻했지요.

너울은 삿갓인데, 앞이 내다보일 정도로 얇은 천을 삿갓 테두리에 달았어요. 천은 허리까지 내려왔지요. 좀 신비하게 보였어요.

◀쓰개치마

◀너울

엄마 냄새가 나는 슬픈 여인 131

**중문** 안채와 사랑채 사이에 있는 문이에요.

**안채** 조선 시대 양반들은 부부가 따로 살았어요. 남편이 사는 곳은 사랑채라고 했고, 아내가 사는 곳은 안채라고 했어요.

요. 황진이는 전모를 벗고는 머슴에게 물었어요.

"여보세요. 허난설헌 형님 계시오?"

"어서 오구려. 마님은 지금 길쌈하고 있으시오. 주인어른께서는 외출 중이니, 들어오시오."

둘은 머슴을 따라 중문을 지나 안채로 들어갔어요.

"마님, 황진이가 왔구먼요."
"오, 그래? 어서 모시게."

한 여인이 반갑게 맞아 주었어요. 유난히 눈이 크고, 눈동자가 유리알처럼 맑고 검었어요. 미소가 너무 부드러웠지요. 보는 사람은 누구나 기분이 좋아질 것만 같았어요.

"오늘 형님에게 공부 좀 가르쳐 달라고 왔어요."

황진이도 활짝 웃으며 말했어요. 집 안에는 여자 하인 몇 명이 분주하게 일을 하고 있었어요.

"공부라면 자네도 할 만큼 하지 않는가? 무슨 공부가 더 필요한가?"

"제가 아니라, 여기 예쁘장한 도령 말이오. 형님 바느질 솜씨와 길쌈 솜씨는 알아주잖아요. 옷감 짜는 법이랑 옷 만드는 법 좀 알려 주오."

"내 솜씨가 뭐 그리 대단하다고……."

허난설헌은 그렇게 대답하며 하늘이를 가만히 살펴보았어요.

"남자가 옷 만드는 건 배워서 뭐 하려고? 얼굴이 곱구나. 이름이 뭐니?"

"저는 대한민국에서 조선 시대의 옷 문화 체험을 하려고 온 하늘이라고 해요. 아빠랑 같이 왔는데, 아빠는 지금 보따리를 잃어버려서 찾으러 다니고 있어요."

하늘이가 가볍게 인사를 했어요.

"그렇군. 마침 잘 왔네. 지금 솜활로 목화송이를 타는 중이었네. 물레로 실을 뽑아, 베틀로 옷감 짜는 걸 보여 주지."

허난설헌은 하얀 목화송이를 하늘이에게 보여 주었어요.

"이건 목화란다. 조선은 집집이 목화를 재배하고, 누에를 키워 옷감을 만들어. 조선 사람들은 무명을 가장 많이 만들어 입는단다."

"목화는 잘 알아요! 문익점 아저씨가 원나라에서 가져온 거잖아요."

하늘이가 오랜 친구를 만난 것마냥 밝은 목소리로 대답했어요.

"네가 문익점을 아니?"

"그럼요. 문익점 아저씨랑 같이 차도 마셨는걸요."

허난설헌은 황진이와 눈을 마주치더니, 고개를 갸웃거렸어요.

"이상한 애로구나. 문익점은 200여 년 전에 살았던 선비인데, 어떻게 만나 봤다는 건지……. 어쨌든 지금부터 목화에서 실을 어떻게 뽑는지 보여 주마. 잘 보아라."

허난설헌은 물레 앞에 앉았어요. 그리고 하늘이에게 실을 뽑는 과정을 하나씩 설명해 주기 시작했어요.

"정말 어려워요. 이렇게 여러 과정을 거쳐야만 옷감이 만들어지는지 처음 알았어요."

설명을 다 듣고 하늘이는 가볍게 한숨을 내쉬었어요.

"호호! 이제 시작이야. 정말 어려운 게 남아 있어. 아직 베틀로 옷감을 직접 짜 보지는 못했잖아?"

허난설헌은 나무로 만들어진 커다란 베틀 위에 앉았어요. 그러고는 베틀을 가리키며 말했어요.

"비단이든 무명이든, 삼베, 모시 할 것 없이 모든 옷감은 다 베틀에서 짜는 거야. 실을 한 올 한 올 베틀에 끼워 옷감을 짜는 걸 길쌈이라고 하지. 이 옷감을 잘 봐라. 실이 가로와 세로로 촘촘하게 엮여 있지?"

하늘이는 옷감을 살펴보고 고개를 끄덕였어요.

"맞아요! 아주 가는 실이 모여 있어요!"

"그래. 씨실은 가로로 놓이는 실이고, 날실은 세로로 놓이는 실이란다. 옷감은 이처럼 씨실과 날실이 모여서 만들어지는 거야. 그런데 말이다. 날실을 몇 가닥으로 짜느냐에 따라 옷감의 질이 달라진단다. 날실이 많이 들어갈수록 옷감이 더 촘촘해져. 반대로, 날실이 적게 들어갈수록 옷감에 구멍이 많고 성글어."

허난설헌은 발에 베틀신을 신었어요. 발을 당겼다 놓고 손을 왔다 갔다 하면서 능숙하게 옷감을 짜기 시작했어요.

"길쌈질은 몹시 힘든 일이야. 옷감을 돈 대신 사용하기도 해서 조선의 여인들은 밤을 새워 허리가 꺾어지고 손이 다 트도록 길쌈질을 해야

내 얼굴이 남보다 떨어지나요?
난 바느질 길쌈 솜씨도 좋아요.
하지만, 가난한 집안에서 자라난 탓에
중매하는 할머니는 나를 몰라줘요.
소개 한 번 안 시켜 줘요.

춥고 배고파도 겉으로 드러내지 않고
오늘도 하루 종일 창가에서 베만 짰어요.
오직 아버님만 나를 불쌍하다 생각하시지요.
이웃이야 남들이야 어떻게 내 고생을 알겠어요.

밤새도록 쉬지 않고 베를 짜요.
삐걱삐걱 베틀 소리 차갑게 울려요.
어느새 베틀에는 한 필 베가 짜였네요.
누구네 집 귀한 아씨 시집갈 때 옷감이 되겠지요.

손으로 가위를 잡고 가위질하면
추운 밤 열 손가락이 곱아 와요.
남의 집 여인 위해 시집갈 옷을 짜고 있건만,
나는 해마다 날마다 혼자 외롭게 살아요.

한단다. 내가 길쌈하는 가난한 집의 여인을 생각하며 지은 시가 있는데, 한번 들어 볼래? 제목은 가난한 여인의 노래*란다."

허난설헌은 철커덕 턱, 철커덕 턱, 하는 베틀 소리에 맞춰 시를 읊기 시작했어요.

조용하게 울려 퍼지는 허난설헌의 목소리에 하늘이의 가슴이 아픈 것처럼 떨렸어요. 옆에서 솜활을 타던 젊은 여인이 눈물을 훌쩍이더니 옷고름으로 눈물을 닦았어요. 황진이도 덩달아 코를 훌쩍였어요.

"형님 시 짓는 솜씨는 내가 도저히 못 따라가겠소. 조선 팔도에 형님 같은 천재 시인이 있다는 걸 세상은 왜 몰라주는지 모르겠소."

황진이는 허난설헌의 손을 잡았어요.

"이번에는 삼베랑 비단 만드는 법을 알려 주마. 날 따라오렴."

하늘이는 허난설헌을 따라 행랑채로 건너갔어요.

여자 하인들이 몰려 앉아, 치마를 걷어올리고 허벅지에 열심히 뭔가를 비비고 있었어요. 하늘이 또래의 여자 아이도 있었어요. 여자 아이는 힐끔 하늘이의 얼굴을 보고는 부끄러운 듯 치마를 내렸어요.

"삼베를 찌려면 우선 삼으로 실을 만들어야 한단다. 보통 힘겨운 일이 아니야. 우선, 삼의 줄기만 잘라 수증기로 쪄야 해. 그다음에는 칼로 껍질을 벗기지. 그러면 속껍질이 나온단다. 이 속껍질을 손톱으로 일일이 쪼개야 해. 손톱이 깨지고, 벌어지고, 심하면 빠지기도 해."

**가난한 연인의 노래**
한자로, 빈녀음이라고 부르기도 해요. 허난설헌이 지은 시로, 지금도 읽히고 있어요.

허난설헌은 시커멓게 변한 여자 하인의 손가락을 매만지면서 안쓰러운 표정을 지었어요.

"아, 정말 아프겠어요. 그런데 허벅지로 비비는 건 뭐예요?"

"쪼갠 속껍질을 허벅지에 올려놓고 손바닥으로 열심히 비벼야 해. 그러면 가늘게 나오면서 실처럼 이어지는 거야. 그런데 삼 껍질을 비비면 허벅지 피부가 다 벗겨지고 피멍이 들어. 여자들이 얼마나 아픈지 해 보지 않은 사람은 모르지."

정말 허난설헌의 말처럼 여자 하인들의 허벅지에 멍이 들어 있었어요. 어떤 하인은 피가 흘러 딱지가 굳어 있었고요.

"이렇게 만들어진 삼실을 베틀에 끼워 짜면 삼베가 되는 거야. 삼베 짜는 일이 얼마나 고된지 조금은 알겠지? 이제 뒤뜰로 가 보자꾸나."

하늘이는 허난설헌을 뒤쫓아 가면서 여자 아이가 불쌍해 몇 번을 돌아보았어요. 여자 아이는 고개를 푹 숙인 채 눈을 마주치려고도 하지 않았지요.

뒤뜰에는 작은 방이 있었어요. 그 안에 새끼손가락만 한 초록색 누에들이 뽕잎을 먹고 있었지요. 뽕잎을 갉아먹는 소리가 사방에서 사각거렸어요.

"비단을 만드는 명주실은 누에고치에서 뽑아낸다는 것쯤은 알고 있지? 누에는 뽕잎을 먹고 자라는데, 엄청나게 많이 먹어. 그래서 누에를 치려면 날마다 뽕잎을 지게 가득 지고 날라야 해. 누에에게 먹이려고 뽕나무를 따로 키우기도 하지."

어느덧 저녁 해가 저물어 가고 있었어요. 노을이 서쪽 하늘을 붉게 물들이면서 활활 타고 있었어요.

"하늘아, 오늘 공부 많이 했어?"

황진이가 하늘이의 옷고름을 나비 모양으로 매어 주며 물었어요. 하늘이는 허난설헌에게 고개를 숙여 인사를 했어요.

"오늘 감사했습니다. 공부 많이 하고 돌아갑니다."

허난설헌은 옷장에서 무명으로 짠 옥빛 저고리를 한 벌 꺼냈어요.

"하늘 도령. 이 저고리는 선물이야. 다음에 인연이 되면 또 만나."

하늘이는 기분이 좋아서 소리쳤어요.

"야! 멋있다! 아주머니 아이는 온종일 안 보이던데, 어디 있어요?"

허난설헌은 쓸쓸하게 웃었어요.

"난 아이가 없단다. 두 아이가 있었는데, 모두 병이 들어 죽고 말았지. 넌 튼튼하게 자라야 해. 약속할 수 있지?"

하늘이는 고개를 끄덕이고는 허난설헌 품에 안겼어요. 풋풋한 엄마 냄새가 나는 것 같았어요. 하늘이는 그러고 밤새도록 있으면 좋겠다고 생각했어요.

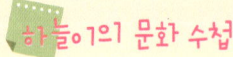

## 누에에서 명주실 뽑는 법

비단을 짜서 입은 것은 아주 오래전부터예요. 고조선 시대부터 비단을 짜 입었다고 해요. 삼국 시대가 되자 비단을 짜는 기술이 매우 발전해서 무늬가 있는 비단도 만들고, 고급스러운 비단도 만들었어요. 삼베나 모시, 무명은 모두 식물성 옷감이지만, 비단은 동물성 옷감이에요.

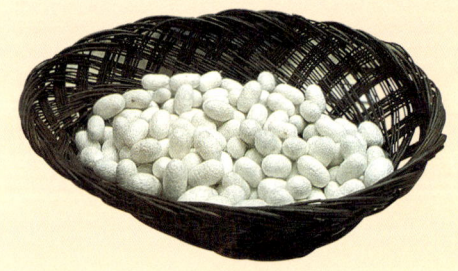

▲누에고치

### 명주실 뽑는 방법

① 누에는 나방이 되기 전에 입에서 실을 토해요. 그 실로 자기 몸을 감싸서 누에고치를 만들어요. 이 누에고치에서 실을 뽑아 비단을 짜는 거지요.

② 누에고치를 솥에 넣고 끓는 물에 삶아요. 그러면 고치에서 실을 풀기가 쉬워져요.

③ 고치에서 나오는 실은 너무 가늘어요. 그래서 열 가닥 이상을 모아서 실을 만들어요.

## 하늘이의 인물 탐구

### 허난설헌 — 시대를 앞서간 천재 여류 시인

허난설헌(1563~1589)은 강원도 강릉의 명문 집안에서 태어났어요. 허난설헌이 살던 조선 시대에는 여자들에게 한문을 가르치지 않는 시대였어요. 궁궐에 사는 공주들도 한문을 못 배웠을 정도지요. 그만큼 남녀차별이 심했대요. 하지만, 허난설헌은 어려서부터 한문을 배워 여덟 살에 한시를 지었어요. 모두 놀라 그녀를 신동으로 불렀다고 해요. 우리나라 최초의 한글 소설인 〈홍길동전〉을 쓴 허균이 허난설헌의 동생이지요. 허난설헌은 열다섯 살에 시집을 갔어요. 하지만, 시어머니와 사이가 좋지 않아 행복하지는 않았어요. 더구나 아들과 딸까지 모두 죽게 되자, 큰 절망에 빠졌지요. 결국, 스물일곱 살이란 젊은 나이로 세상을 떠나고 말았어요.
허난설헌이 쓴 시는 너무나 아름다워 중국과 일본에서도 유명했어요. 마침내 동아시아를 대표하는 천재 여류 시인으로 인정받게 됐지요.

---

지난해 사랑하는 딸을 잃었고
올해는 사랑하는 아들을 잃었네.
슬프고 슬픈 광릉 땅이여.
두 무덤이 마주 보고 있구나.
백양나무에는 으스스 바람이 일어나고
도깨비불은 숲 속에서 번쩍인다.
지전으로 너의 혼을 부르고,
너희 무덤에 술잔을 따르네.
아아, 너희들 남매의 혼은
밤마다 정겹게 어울려 놀으리
비록 뱃속에 아기가 있다 한들
어찌 그것이 자라기를 바라리오.
황대노래를 부질없이 부르며
피눈물로 울다가 목이 메이도다.

-허난설헌이 자식을 그리워하며 지은 시

하늘이의 문화 수첩

## 목화에서 실을 뽑는 방법

지금은 공장에서 옷감을 만들어요. 하지만, 옛날에는 집에서 옷감을 짰지요. 옷감을 짜는 길쌈은 여성들이 하는 집안일 가운데 매우 중요한 일이었어요. 낮에는 농사일과 집안일을 하고 밤에는 길쌈을 했지요.

### 목화송이에서 씨아로 씨뽑기
목화송이를 따서 햇볕에 잘 말려요. 그다음에 씨아라는 도구에 목화송이를 넣고 돌려요. 그러면 목화송이에서 씨가 빠지지요.

### 솜활로 목화송이 타기
목화송이를 쌓아 놓고 활처럼 생긴 솜활이란 도구로 밀고 당겨요. 그러면 목화송이가 부풀어 오르면서 솜이 만들어져요. 이 솜은 이불이나 옷 속에 넣어 입어요. 아주 따뜻하답니다.

### 물레로 실뽑기
이번에는 물레라는 도구를 사용해요. 솜을 막대기로 밀어 단단한 고치로 만들어요. 고치를 물레에 연결하고 물레를 돌려요. 그러면 고치에서 가는 실이 나와서 물레에 감겨요.

### 실에 풀 먹이기
솜에서 나온 실은 잘 끊어져요. 실이 질겨지도록 하려고 실에 풀을 먹여요. 그러면 실이 질겨지고 끊어지지 않아요. 그다음에는 불로 쪼여서 바짝 말려요.

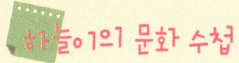 

# 베틀로 길쌈하는 방법

베틀은 옷감을 짜는 틀을 말하고, 베틀을 이용해서 옷감을 만드는 일을 길쌈이라고 해요. 옛날에는 집집마다 베틀로 길쌈을 해서 옷감을 직접 만들었답니다.

### 베틀로 길쌈하는 방법

1. 베틀신을 신고 발을 당겼다 놓으면 날실이 한 올씩 위에서 아래로 생겨요.
2. 북을 가로지르면 씨실 꾸리에서 씨실이 나오면서 씨실이 생기지요.
3. 바디를 몸쪽으로 잡아당겨요. 그러면 씨실과 날실이 엮이면서 촘촘해져요.
4. 손과 발을 움직이면 철커덕 턱 철커덕 턱 소리가 나요. 그러면서 씨실과 날실이 한 올 한 올 엮여요. 그렇게 옷감이 조금씩 만들어져요.
5. 옷감을 허리춤에 감아요.

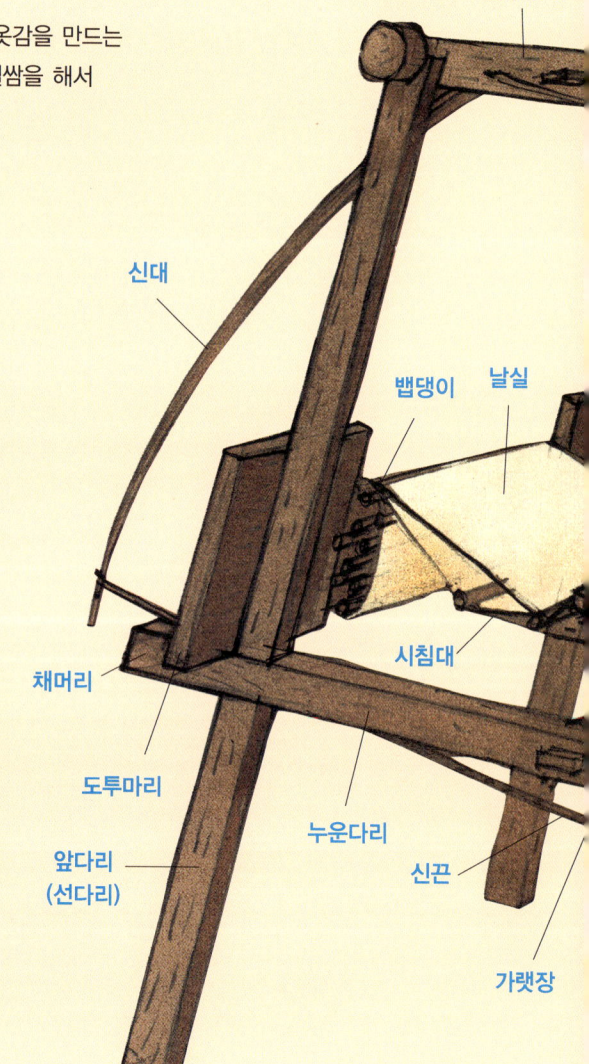

- 용두머리
- 신대
- 뱁댕이
- 날실
- 채머리
- 시침대
- 도투마리
- 누운다리
- 앞다리 (선다리)
- 신끈
- 가랫장

**북과 꾸리** 북은 길쌈할 때 날실 사이로 왔다 갔다 하면서 씨실을 푸는 기구예요. 나룻배 모양의 북에는 씨실이 나가는 작은 구멍이 있어요. 씨실은 꾸리에 실을 감은 것이에요. 꾸리를 북에 넣고 날실 사이를 지나다니며 옷감을 짜지요.

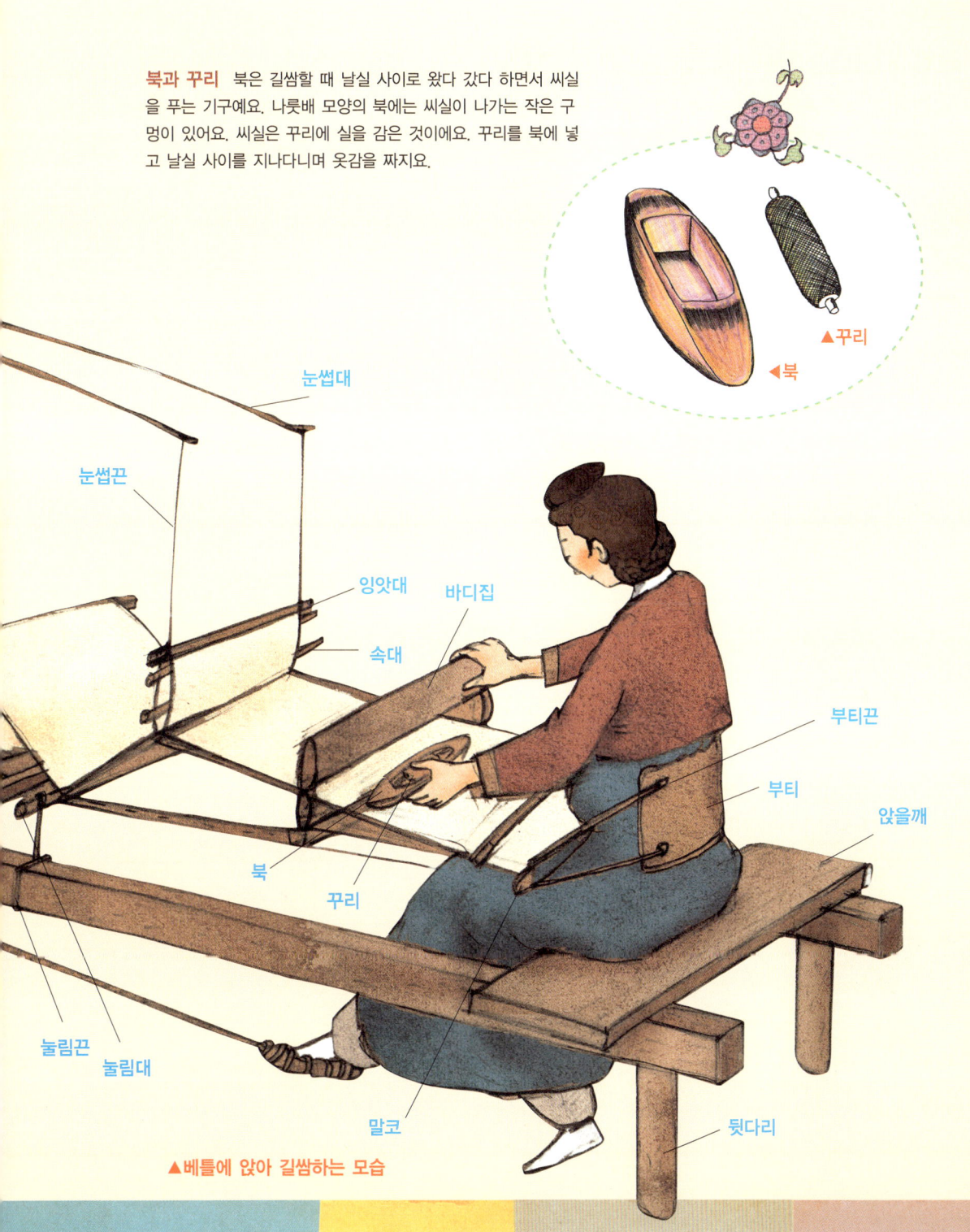

▲베틀에 앉아 길쌈하는 모습

 # 미래와 바꾼열차

### 황진이가 가르쳐 준 바느질과 빨래 이야기

아빠는 오늘도 늦는가 봐요. 밤이 깊었는데도 돌아오지 않고 있어요. 하늘이는 이불 속에 누워 천장만 멀뚱멀뚱 바라보고 있었어요. 등잔불이 흔들리며 방 안에 빛의 물결을 만들어 냈어요.

황진이는 등잔불 옆에서 바느질을 하고 있었어요. 하늘이는 잠이 안 와 이불을 뒤척거렸어요.

"잠이 안 오니?"

"네. 친구들도 생각나고……."

하늘이는 등을 돌리고 누워 들릴 듯 말 듯 작은 목소리로 대답했어요. 하늘이는 두고 온 친구들이 보고 싶었어요.

"이 방 안에 너랑 나, 그리고 친구가 일곱 명이나 있는데도?"

"친구가 어디 있어요?"

하늘이가 휙 돌아누우며 물었어요.

"여기 있잖아. 규중 칠우."

황진이가 반짇고리를 내밀자, 하늘이는 픽, 하고 다시 등을 돌렸어요.

"장난하지 마요. 나, 지금 기분이 별로 안 좋아요."

"정말이야. 조선 여자들은 바늘, 실, 다리미, 가위, 자, 인두, 골무를 규중 칠우라고 불렀어. 규중은 부녀자들이 사는 방이고, 칠우란 일곱 친구란 뜻이야. 그러니까 부녀자들의 방에 함께 사는 일곱 친구처럼 친한 사이란 뜻이지."

"재미있는 얘기네요. 그런데 언제부터 바느질을 배웠어요?"

"다섯 살 때부터 어머니한테 배웠어. 조선 여자들은 반드시 바느질을 잘해야 하거든. 그래서 다섯 살만 되어도 바느질을 배우기 시작해. 시집갈 때 가져갈 옷이며 이불을 모두 만들어 가야 하지."

황진이는 바늘꽂이에서 작은 바늘을 꺼냈어요. 바늘꽂이에는 작은 바늘 말고도 아주 큰 바늘부터 여러 종류의 바늘이 꽂혀 있었지요.

"큰 바늘은 이불 같은 두꺼운 천을 꿰맬 때 쓰고, 작은 바늘은 곱고 촘촘한 바느질을 할 때 써. 아주 작은 바늘은 수를 놓을 때 쓰는 거야."

"신석기 시대 옷을 본 적이 있는데, 바느질을 했더라고요. 철이 없던 시대라서 동물 뼈를 갈아 바늘을 만들었대요."

황진이가 바늘에 실을 꿰다가 말고 힐끔 쳐다봤어요.

"넌 이따금 이상한 소리를 하더라. 이상한 생각 그만하고, 내가 수수께끼를 낼 테니 맞춰 봐. 이 바늘꽂이 속에 뭐가 들어 있을까?"

황진이는 바늘꽂이를 하늘이에게 살짝 던졌어요. 만져 보니, 폭신폭신하면서도 퍼석거렸어요. 하늘이는 냄새도 맡아 보고,

**골무** 바느질을 할 때 바늘귀를 밀어 넣으면 손가락 끝이 아파요. 그래서 손가락 끝에 헝겊이나 가죽으로 만든 골무를 끼웠어요.

귀에 대고 주물러도 보았어요.

"약간 미끈거리는 게 옷감은 아닌 것 같고, 지푸라기도 아닌 것 같고……. 뭘까?"

"그건 바로 머리카락이야."

"머리카락을 왜 넣어요?"

"머리카락에서 기름이 나와서 바늘을 꽂아 두면 녹이 슬지 않도록 해주는 거야."

"와! 신기하다."

하늘이는 바늘꽂이를 귀에 대고 계속 주물럭거렸어요.

그때 어디선가 똑딱똑딱 두드리는 소리가 들렸어요. 목탁 소리 같기도 했지요.

"스님이 오셨나 봐요. 밤늦게도 오셨네요."

"호호호! 스님이 아니라, 다듬이질 소리야. 빨래를 하고 나서 옷감을 두드리는 거야."

황진이는 바느질을 하면서 조선 여인들이 옷을 손질하는 법을 들려주었어요.

"하늘아, 하늘이 자니?"

문밖에서 아빠 목소리가 들렸어요. 하늘이는 벌떡 일

어나 문을 열었어요. 아빠는 마음이 급했는지 방 안으로 성큼 걸어 들어왔어요.

"진이 씨, 미안해요. 지금 너무 급해서요. 하늘아, 지금 출발해야 해! 빨리 옷 입어!"

황진이와 하늘이는 깜짝 놀라 아빠의 얼굴만 빤히 쳐다봤어요.

"뭐 해! 급해! 시간 열차가 올 시간이 됐단 말이야! 이번에 놓치면 여섯 달 후에나 온대!"

그 말이 떨어지기 무섭게, 하늘이는 얼른 옷을 챙겨 입었어요.

가죽신을 신을 때까지도 황진이는 아무 말 없이 두 사람을 바라만 보고 있었어요. 마루 밑에 내려서자, 황진이는 작은 보따리를 하늘이에게 내밀었어요.

"허난설헌 아주머니가 준 선물은 가져가야지."

하늘이는 별안간 콧등이 시큰해지면서 눈물이 핑 돌았어요. 지금 헤어지면 영원히 다시 못 만날지도 모른다는 생각이 들었어요. 황진이의 눈동자에도 눈물이 어렸어요.

미래와 바꾼 열차 승차권  149

# 옛날에는 어떻게 빨래를 하고 옷을 손질했을까요?

지금은 세탁기로 빨래를 해요. 또 거품이 잘 일어나는 세제를 넣지요.
하지만 조선 시대에는 세제나 세탁기가 없었어요. 그럼, 어떻게 빨래를 했을까요?

## 빨래를 하는 순서

### 1. 잿물에 삶기

바느질을 한 부분을 뜯어요. 잿물에 빨래를 담가 삶아요. 잿물은 옛날에 사용하던 세제예요. 잿물은 볏짚이나 콩깍지, 나무를 태워 만든 재를 시루에 걸러서 받은 물이에요.

### 2. 빨랫방망이로 두드리기

빨랫방망이로 빨래를 철썩철썩 소리 나게 두드리거나 손으로 비벼서 빨아요. 그러면, 아주 작은 공기 방울이 생기면서 옷감 사이에 낀 때를 밀어내 더러운 때가 깨끗하게 쏙 빠지지요.

### 3. 헹군 후에 말리기

흐르는 맑은 물에 빨래를 깨끗하게 헹궈요. 그래서 조선 여인들은 개울가에서 빨래를 한 거예요. 다 된 빨래는 햇볕에 널어 말려요.

### 4. 푸세하기

잘 말린 옷감에는 풀을 먹여요. 풀을 먹이면 옷감 모양이 반듯해지고, 때도 덜 타지요. 이것을 푸새라고 해요.

### 5. 다듬이질하기

올을 반듯이 하고 차곡차곡 접어요. 다듬잇돌에 올려 놓고 다듬잇방망이로 두드려요. 두 사람이 마주 앉아 장단에 맞춰 두드리기도 하지요. 그러면 옷감에 풀이 골고루 베고, 구김살도 펴져요.

### 6. 다림질하기

구겨진 옷을 다림질해요. 요즘은 전기다리미를 쓰지만, 옛날에는 전기가 없어서 다리미 안에 숯을 넣어 사용했어요. 그래서 요즘 사용하는 전기다리미보다 훨씬 무겁고 컸지요. 여자들이 어깨가 빠질 정도로 힘들었어요. 좁은 구석을 다릴 때에는 인두를 사용했어요. 인두는 크기가 작았기 때문이지요. 인두는 화롯불에 직접 달구어 사용했어요.

▲세탁기

### 옛날 물건이 오늘날까지 쓰이는 까닭

요즘은 세탁기가 있어도 여전히 빨래판을 사용해 빨래를 하기도 해요. 빨래판은 골이 있어 빨래의 때를 쉽게 빠지게 하지요.
세탁기도 빨랫방망이의 원리를 이용해서 만든 거예요. 빨랫감을 두들길 때 생기는 공기 방울이 때를 밀어내서 빨래를 깨끗하게 해 주는 원리를 그대로 모방해서 세탁기로 만들었지요.

> **예성강** 개성 서쪽에 흐르는 강이에요.

하늘이는 대문을 나서며 몇 번이고 뒤를 돌아보았어요. 어둠 속에서 황진이가 계속 손을 흔들고 있었어요.

아빠는 하늘이와 함께 예성강 근처로 달렸어요. 차가운 밤공기를 맞아 두 사람의 몸에서 김이 무럭무럭 올랐어요.

강가에 작은 배 한 척이 있었어요. 아빠와 하늘이는 그 배에 올라탔어요. 그러고는 칠흑같이 어두운 밤을 뚫고 아빠는 노를 저어 나아갔어요.

강 한가운데에 와서야 아빠는 한숨을 내쉬면서 뱃머리 쪽에 앉았어요. 어디선가 물새들이 끼룩끼룩 울었어요. 차가운 바

람이 옷깃을 스쳤어요.

하늘이는 한참을 망설이다가 간신히 말문을 열었어요.

"아빠, 시간 열차를 타러 간다면서 왜 강 위에 이러고 있어요?"

아빠는 말없이 어둠 저편을 노려보았어요.

"오늘 밤에 이곳으로 분명히 온다고 했어!"

"이렇게 깊은 강 한가운데로 기차가 온다고요? 잠수함이에요?"

다시 몇 시간이 흘렀어요. 밤이슬에 젖어 옷자락이 축축해졌어요. 으슬으슬 춥기도 했고요. 물새들도 모두 잠들었는지 세상은 온통 고요만이 가득 찼어요.

바로 그때였어요! 수초 사이에서 오리 몇 마리가 푸드덕거렸어요.

뿌우우우욱!

물살을 가르며 두 개의 전조등이 호랑이 눈알처럼 번쩍였어요. 거대한 무쇠 덩어리가 거센 파도를 일으키며 달려오기 시작했어요. 작은 배는 뒤집힐 듯 휘청거렸어요. 시간 열차가 분명했어요!

시간 열차는 강물 위에 멈춰 섰어요. 덜컹, 하고 자동문이 열렸고, 아빠와 하늘이는 서둘러 열차에 올랐어요.

시간 열차는 다시 서서히 움직이기 시작했어요. 창밖으로 낮게 엎드린 조선 시대의 개성이 지나가고 있었어요.

자리에 앉자, 아빠는 그제야 안도의 한숨을 내쉬었어요. 하늘이의 얼굴을 보면서 빙긋 웃기까지 했어요.

"어떻게 된 거예요? 승차권을 찾은 거예요?"

아빠가 고개를 끄덕였어요.

"응. 찾았어. 장길산이 찾아 줬어."

"아! 줄타기를 하던 광대 아저씨요?"

"그래. 남사당 꼭두쇠지. 장길산은 역시 보통 남자가 아니더라. 황해도에 있는 수십 개의 남사당패에게 모두 연락해서 명령을 한 거야. 남사당패는 전국을 떠돌아다니니까, 소문을 쉽게 알아내잖아."

"그래서요? 소문이 난 거예요?"

"그래. 한 도둑이 장터에서 귀신이 들어 있는 보따리를 훔쳤다는 소문이 났어. 처음 보는 낯선 물건들이 잔뜩 들어 있는데, 작은 통에서 이상한 소리가 흘러나오더라는 거야. 귀신이 들어 있어서 노래도 나오고, 소리도 나온다고 생각했대. 도둑은 귀신이 튀어나올까 무서워서 그것을 깊은 산속에 파묻어 버렸대."

"아! 그거 혹시 내 엠피스리 아녜요?"

하늘이가 손뼉을 치면서 소리를 질렀어요.

"맞아! 그래서 그 도둑을 찾아 간신히 시간 열차 승차권을 돌려받았어. 그런데 말이다."

아빠의 얼굴에 근심스러운 그림자가 내비쳤어요.

"내가 장길산에게 보따리를 찾아 주는 조건으로, 주지 말아야 할 걸 주고 말았어."

"그게 뭔데요?"

"그건 장길산의 미래야. 내가 장길산의 미래를 알려 주고 말았어. 시간 여행법 제12조를 어긴 거지."

아빠는 이마를 문지르며 고개를 숙였어요.

"지금은 장길산이 남사당 광대일 뿐이지만, 머지않아 의적이 된단다. 수많은 백성들이 장길산을 따라 부하가 되면서 큰 도적의 무리를 이루

게 돼. 장길산은 보통 도적이 아니야. 한양으로 쳐들어가서 조선을 무너뜨리고 새 나라를 세우려고 했을 정도야. 나라를 훔치려고 했던 대담한 도적이지. 아빠가 장길산에게 미래를 말해 주지 않았다면, 장길산은 어쩌면 도적이 안 되었을지도 모르잖아. 아무래도 전쟁이 날 테니까, 죽지 않을 사람이 죽어야 할지도 모르고……."

아빠는 걱정스러운 얼굴로 시간 열차의 창밖을 바라보았어요.

장길산의 미래는 과연 어떻게 변하게 될까요? 그리고 시간 여행법 제12조를 어긴 아빠와 하늘이에게는 무슨 일이 일어날까요?

시간 열차는 시간의 레일 위를 쉬지 않고 달리고 있어요.

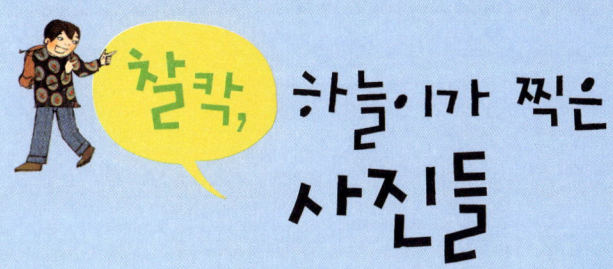
## 찰칵, 하늘이가 찍은 사진들

하늘이가 시간 여행을 하면서 몰래 찍은 사진들이에요.
하늘이의 사진들을 통해 옷과 관련된 우리의 오천 년 문화를
한눈에 볼 수 있어요. 숙제할 때도 자료로 참고할 수 있지요.

# 찰칵, 하늘이가 찍은 사진들

▲**가락바퀴**
신석기 시대 유물로, 실을 뽑는 데 사용된 도구예요.

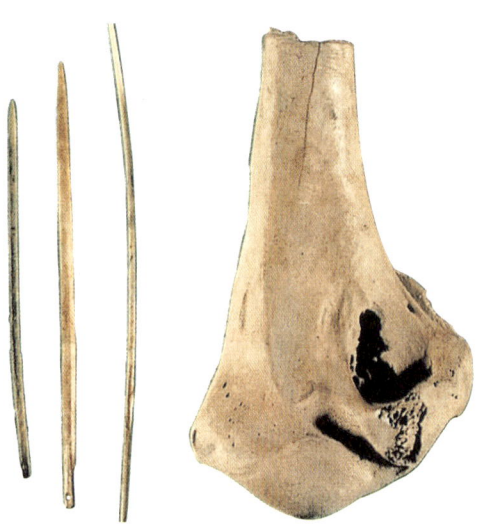
▲**석기 시대 뼈바늘과 바늘함**
석기 시대에 뼈로 만든 바늘과 바늘을 담아 두던 통이에요.

▲**토용**
신라 시대에 흙으로 만든 인형이에요.

◀**복건**
남자들이 머리에 쓰는 쓰개예요.

▲두루마기
옷자락이 무릎까지 내려오는 겉옷으로 주로 외출할 때 입었어요.

▲쾌자
소매가 없고 중심선이 허리까지 트인 옛 제복이에요.

▲사규삼
두루마기 위에 입는 것으로 조선 시대 양반집 아이들이 입었어요.

장옷▶
여자들이 나들이할 때 얼굴을 가리려고 머리에서부터 길게 내려 쓰던 옷이에요.

 찰칵, 하늘이가 찍은 **사진들**

▲**명주실**
누에고치에서 뽑은 가늘고 고운 실을 말해요.

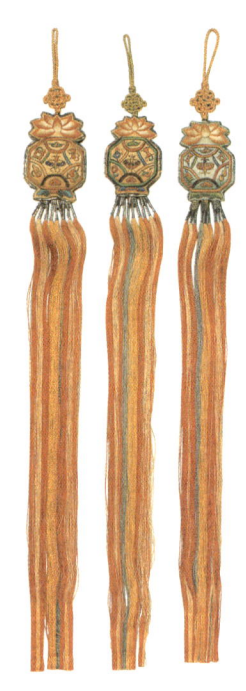

▲**노리개**
여자들이 몸치장으로 한복 저고리의 고름이나 치마허리에 다는 물건이에

▲**선사시대의 장신구들**
선사 시대 몸을 단장했던 장신구들이에요.

▲ 얼레빗
빗살이 굵고 성긴 큰 빗을 말해요.

▲ 참빗
대나무로 만든 빗으로,
빗살이 아주 가늘고 촘촘해요.

▲ 고려청자
고려 시대에 만들어진 푸른빛의
자기를 말해요.

▲ 향낭
향료를 넣은 주머니예요.

경대 ▶
거울을 달아 세우고,
아래에 화장품 등을 넣는 서랍
이 있는 화장대예요.

 **찰칵, 하늘이가 찍은 사진들**

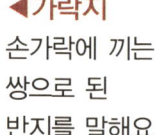
◀ **가락지**
손가락에 끼는 쌍으로 된 반지를 말해요.

**씨아** ▶
목화의 씨를 빼는 기구예요.

▲ **조바위**
추울 때에 여자가 머리에 쓰는 모자 같은 거예요.

▼ **누에고치**
누에 벌레가 실을 내어 지은 집을 말해요.

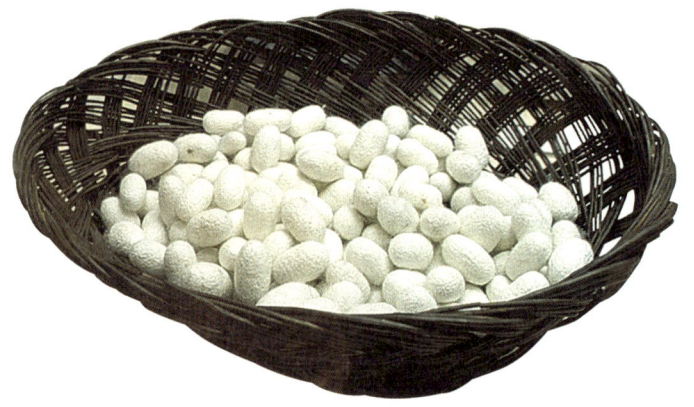

▲ **족집게**
잔털이나 가시 따위를 뽑는 데 쓰는 기구예요.

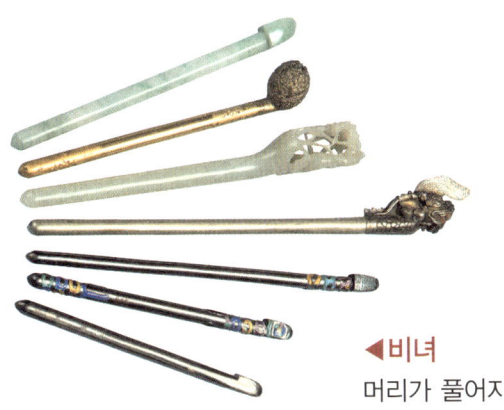

◀ 비녀
머리가 풀어지지 않도록
꽂는 장신구

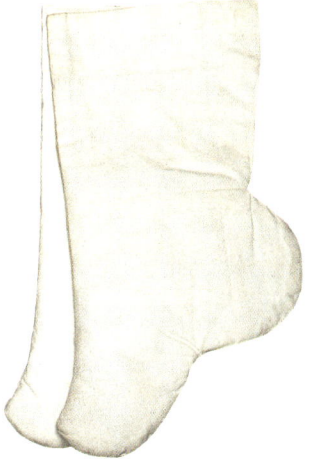

▲ 솜버선
안에 솜을 넣어 두껍게
만든 버선이에요.

▲ 물레
솜이나 털 따위를 자아서 실을 만드는
간단한 재래식 기구예요.

▲ 삼베
삼이란 풀의 줄기로 만든
삼실로 짠 천을 말해요.

▲ 패도  노리개에 차는, 칼집이 있는 작은 칼이에요.

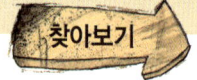

###  ㄱ

가락바퀴 30
가락지 127
가시나 51
가체 128
개화기 28
건 35
경대 117
경복궁 10
고려 모시 40
고뿔 38
고쟁이 120
골무 147
관 35
광화문 10
괴나리봇짐 36
규중 칠우 147
금동 신발 34
기녀 110, 111
기생 109
기생집 109
길쌈 142, 144
꼭두쇠 101
꾸리 145

###  ㄴ

남사당패 97
내시 108
너른바지 120
너울 131
노리개 127
누에 140
누에고치 140
눈썹먹 113

### ㄷ

다듬이질 151
다리속곳 120
다림질 151
다홍치마 105
단속곳 120
대님 121
대슘치마 120
댕기 123
도포 105
동굴사자 21
동백나무 116
두루마기 33, 35, 87, 105, 120

## 찾아보기

### ㅁ

마고자 121
매머드 21
면사포 42
명주(비단) 41
명주실 116, 140
모시 41
목화 62, 83, 142
몽고풍 54
몽당치마 104
몽수 42, 45
무명 83
무사 37
무용총 31, 35
무지개치마 122
무지기 120
문익점 43, 76
문화 19
물레 84, 143
미묵 113
미안수 116
민치마 104

### ㅂ

바늘통 30
바지 121
바지속곳 120
반지 127
방물장수 112
배자 120
배주고 43
백저포 43, 45
백토 116
버선 121
베틀 144
변발 52
병풍 107
복건 86
북 145
분꽃씨 113
붓두껍 67
비루 57
빙하기 22
빨랫방망이 150
뼈바늘 30

## ㅅ

사규삼 86
삭풍 64
삼 30
삼베 30, 41
상민 94
상투 67
서장관 46
석기 시대 28
세종로 10
속고의 121
속곳 120
속속곳 120
속저고리 120
속적삼 120
솜버선 83
솜활 142
솟을대문 102
수렵 31
수세미 116
싸리 빗자루 131
쌀가루 116
쌍영총 113
쌍코뿔이 21
쓰개치마 131

씨아 84

## ㅇ

아라비아 37
아주까리기름 116
안채 132
양민 109
얼레빗 117
옷고름 90
은장도 55
의식주 18
의적 101
인두 151

## ㅈ

장도 127
장산곶매 101
장신구 126
장옷 130
재인 101
잿물 150
저고리 90, 120
전모 129
전통문화 19
정천익 48
조끼 121

조두 57
조두박 57
조바위 40
조선 시대 28
족두리 55, 128
족집게 117
주름치마 35
중문 132
쪽찐머리 128

참빗 117
창옷 105
창포 116
창호지 107
천민 105
천지신명 73
청자 51
치맛단 104

쾌자 87

토시 121
토용 34

패도 127
패랭이 105
푸세 151
풍산개 32

한지 130
행랑아범 107
향낭 50
향료 50
허난설헌 141
홍화 113
화장 113
화장품 113, 116
활석 116
황진이 110

◎ 사진 자료 출처

- 34쪽 〈토용〉 국립경주박물관 소장 / 국립대구박물관
- 34쪽 〈쌍영총 기마도〉 국립중앙박물관
- 50쪽 〈향낭〉 국립고궁박물관
- 54쪽 〈조바위〉 국립민속박물관
- 86쪽 〈복건〉 국립민속박물관
- 86쪽 〈사규삼〉 국립민속박물관
- 87쪽 〈쾌자〉 국립민속박물관
- 91쪽 〈고려 시대 한복〉 이상은 / 국립대구박물관
- 91쪽 〈삼국 시대 한복〉 홍정민 / 국립대구박물관
- 91쪽 〈조선 시대 한복〉 국립 민속 박물관 소장 / 국립대구박물관
- 117쪽 〈명주실〉 국립민속박물관
- 117쪽 〈얼레빗〉 이화여자대학교 박물관 담인복식미술관
- 117쪽 〈족집게〉 숙명여자대학교 박물관 소장
- 127쪽 〈가락지〉 국립민속박물관
- 127쪽 〈노리개〉 국립고궁박물관
- 127쪽 〈패도〉 국립민속박물관

그 외 사진 제공 – 시몽 포토 에이전시, 엔싸이버 포토박스,
유로포토서비스, 중앙포토, 타임스페이스